石 磊 编著

山西省高等学校教学改革项目（思想政治理论课）

U0640406

进马克思书房

——小故事 大思政

山西出版传媒集团　山西教育出版社

图书在版编目（ＣＩＰ）数据

走进马克思书房：小故事大思政 / 石磊编著. — 太
原：山西教育出版社，2020.6（2022.6重印）
　　ISBN 978-7-5703-0875-0

　　Ⅰ．①走… Ⅱ．①石… Ⅲ．①马克思主义理论—青少
年读物 Ⅳ．①A81-49

中国版本图书馆 CIP 数据核字（2019）第 295568 号

走进马克思书房：小故事大思政
ZOUJIN MAKESI SHUFANG：XIAOGUSHI DASIZHENG

选题策划	郭志强
责任编辑	崔　璨
助理编辑	晋晓敏
复　审	刘晓露
终　审	郭志强
装帧设计	薛　菲
印装监制	蔡　洁

出版发行　山西出版传媒集团·山西教育出版社
　　　　　（太原市水西门街馒头巷7号
　　　　　　电话:0351-4729801　邮编:030002）
印　装　北京一鑫印务有限责任公司
开　本　787mm×1092mm　1/32
印　张　8.25
字　数　136千字
版　次　2020年6月第1版　2022年6月第4次印刷
书　号　ISBN　978-7-5703-0875-0
定　价　48.00元

目　录

前　言

恩格斯曾经说过："一个民族要想站在科学的最高峰，就一刻也不能没有理论思维。"

而马克思主义理论要"飞入寻常百姓家"，更要"春种一粒粟，秋收万颗子"。这就需要有温度、有滋味、有生机的大思政课堂。这样的构想，在一座城市的"网红"图书馆得以实现了。2018年5月，山西省太原市首创马克思书房。占地235平方米，设计成"马克思大脑"的时尚书房，成了我们在青少年心中播撒"理论思维"种子的苗圃。

2018年9月开始，我们为书房设计了"小小马克思"培养课程，同时也开始考虑结合我们的课程，编写一本理论普及读物。这本读物既适于为中小学生做马克思主义的理论启蒙与课外拓展，也适于教师和家长阅读。当然更希望这是一本有魅力的读物，所以我设想把"最熟悉的陌生人"马克思像可信赖的老朋友那样介绍给我们的青少年，并且让这位老朋友走进他们的生活、走进他们的内心；设想把《共产党宣言》的前世今生，它的灵魂精神，编成一个有魅力的故事讲给他们听，让他们了解一部经典如何改写历史；也希望把我们党的"红船精神"，党的青春之歌能在"零零后"的心中唱响，成为他们的传奇。当然，希望和设想是美好的，尽管与现实之间还隔着无数的"不尽如人意"，但是，希望是初衷，初衷不改。

　　这本幸运的书在2019年的初秋终于完成。没错，它真的很幸运，从2018年到2019年，短短一年，马克思书房不仅成为"网红"打卡地，也成为马克思主义大众化传播的

图1　马克思书房入口

新地标；它的幸运不仅在于占尽地利，更难得在兼得天时，2019年对于我们思政工作而言，无疑迎来了更加繁花似锦的春天，所以它也算占得春光第一缕。

最后不能免俗，奉上我的感激之情，首先感谢山西教育出版社的新朋老友，感谢始终给予支持的山西大学马克思主义学院，感谢为马克思书房的创立和运作尽心竭力的太原市委宣传部和太原市图书馆。

谨以此区区十万字，见证难忘的2019年。既然春天已经来到，就让我们播种吧，静待花开。

图2　设计成"马克思大脑"的时尚书房

第一章
解密"千年第一思想家"

有这样一个人，出生在19世纪的欧洲，他皮肤黝黑，被亲朋好友戏称"摩尔"；他中等身材，身形魁梧，被人们戏称"坐着的巨人"；他目光如炬，意志坚定，披荆斩棘，被工人阶级尊称"将军"。

他博学多识，一生奔波劳碌，却著述颇丰。有的人尊敬他，将他作为自己的人生导师；有的人诋毁他，害怕他，视他为恐怖的幽灵。但是他的名字家喻户晓，他的功绩万世长存。他的一生不是为了钱，也不是为了权，而是为了信仰一往无前。他就是卡尔·马克思。

追风少年

"这是一个执着的梦想，步履铿锵，来日方长；这是一个忠诚的信仰，昂首向前，期待远方。为了真理，为幸福奋斗，哪怕再大的风再高的浪，从不会迷茫，从不彷徨。世界的明天，充满阳光。我迎着风坚定信念，感受光芒，我看到如此真实如此美好的未来；我领着风坚定信念，拼尽力量，我知道美好愿望不会辜负了时光。"这首慷慨激昂的《执着的梦》来自红遍网络的动画《领风者》，歌词中的"我"即赫赫有名的"千年思想家"卡尔·马克思。歌曲中领风者卡尔"执着的梦想""忠诚的信仰"究竟是什么？让我们从现在开始，重回1818年，邂逅神采飞扬的追风少年马克思！

1818年5月5日凌晨时分，在普鲁士特里尔城布吕肯巷664号住宅的房间里，一个名叫卡尔·马克思的男孩出生了！

特里尔城坐落在摩塞尔山谷，四周环绕着葡萄果园，几乎全覆盖着地中海的茂盛植被，是一座具有悠久历史文化底蕴的城市。

马克思出生在一个犹太人家庭，他的父亲亨利希·马克思是一名律师，母亲罕丽达·普列斯堡是一位温柔慈爱的主妇，对儿女的生活体贴入微，对马克思更是关怀备至。马克思的父母一共生育了9个子女，他排行第三。和其他兄弟姊妹不同，小马克思特别爱思考，他对一切事物都喜欢寻根究底，尤其是显露出了对哲学的兴趣。有一次，他抓着母亲不停询问"抽象"和"具体"到底是什么，把母亲折腾得够呛。随后，他在自己的日记本里写下这样一句话："今天早上起来，看到妈妈在做饭，我打开具体的窗户，吸了一口抽象的空气。"

亨利希非常疼爱马克思，很早就发现了马克思具有非凡的才能，他十分关注马克思的前途，经常给马克思念伏尔泰和拉辛的著作，希望儿子可以成为像自己一样受人尊重的律师。马克思从他的父亲身上学到了很多，正如爱琳娜指出："摩尔（家人对马克思的爱称）的父亲——摩尔非常钦佩他的父亲——一个真正的18世纪的'法国人'。像老威斯特华伦背诵荷马和莎士比亚一样，他能背诵伏尔泰和卢梭。摩尔的学识惊人渊博，无疑是在很大程度上受了'遗传'的影响。"[1]因此，在马克思的成长历程中，父亲亨利希是对他影响最深的人之一。

作为马克思的"忘年交"——路德维希·冯·威斯特华伦（老威斯特华伦），也是他未来的岳父，对马克思的一生也影响颇深。老威斯特华伦思想开明、学识渊博，具有极高的文学素养，他精通希腊语、拉丁语、法语、意大利语等多种语言，并熟读各国文学大师的作品，其中尤为喜爱莎士比亚的剧本。老威斯特华伦同样也是马克思的另一位"伯乐"，很早就发现马克思身上所具有的非凡才华，他经常给马克思背诵古代和近代作家的作品，把马克思带入了莎士比亚的世界，使得他对

---

① 中共中央马克思恩格斯列宁斯大林著作编译局：《回忆马克思》，北京：人民出版社，2005年版，第112页。

莎士比亚终生热爱。马克思在 1841 年《德谟克利特的自然哲学和伊壁鸠鲁的自然哲学的差别》这篇著作中写道："我敬爱的慈父般的朋友，请您原谅我把我所仰慕的您的名字放在一本微不足道的小册子的开头。我已完全没有耐心再等待另一个机会来向您略表我的敬爱之忱了。"[①]马克思真诚地将老威斯特华伦看作自己的人生导师，像尊敬自己的父亲一样尊敬他。

少年时期的马克思十分聪明，也非常淘气，他的小伙伴主要是他的三个姐妹以及未来的妻子燕妮和燕妮的弟弟埃德加尔。在玩耍的过程中，马克思充分展现出他的博学强识，尤其是讲故事的本领。爱琳娜回忆："我常听姑母说，摩尔小的时候对姐妹们简直就像是一个可怕的暴君，他把她们当作驾车的马，驱使她们从特里尔的马克山上飞奔下来。更糟糕的是，他用一双脏手把很脏的生面团做成'饼子'，一定要让她们吃下去。她们毫无怨言地一一照办，于是卡尔就给她们讲故事作为奖

[①]《马克思恩格斯全集》第 1 卷，北京：人民出版社，1995 年版，第 9 页。

励。"①可见当时的马克思是多么调皮捣蛋！

马克思在 12 岁以前，极有可能是在家中接受教育的。直到 1830 年秋天，12 岁的马克思才进入特里尔高级中学接受为期 5 年的系统学习。马克思在 32 名学生中大致可以排到第八名，这样看来马克思的学习成绩还是不错的。在其枯燥乏味的求学生涯中，也发生了许多被人们津津乐道的趣事。有一次，受人尊敬的老校长来给大家讲课，正讲得十分投入，有个外号叫"小傻瓜"的葡萄园主的儿子在下面吃起糖果来。老校长生气了，突然提出问题，让"小傻瓜"回答。"小傻瓜"慌了神，不断使眼色，恳求同学们提示，可谁也不理他。最后，他把目光投向了马克思。马克思瞅着"小傻瓜"的可怜相，心中一阵好笑。他麻利地写了张纸条，卷成团儿，偷偷递给了"小傻瓜"。"小傻瓜"以为是答案，趁老校长低头翻书的空儿，慌忙打开纸团，结果一看，竟是一首讽刺诗。诗中挖苦他是个名副其实的"小傻瓜"，胖得像头小猪娃，不动脑筋光贪玩，浑身都是臭泥巴。这

---

① 中共中央马克思恩格斯列宁斯大林著作编译局：《回忆马克思》，北京：人民出版社，2005 年版，第 208 页。

下子，可把"小傻瓜"惹恼了。下课后，他拦住马克思就要报复，马克思面无惧色、理直气壮地说："你做了没人理的事，还想找别人的麻烦吗？"随即他又编了首讽刺诗，逗得同学们哈哈大笑。自那以后，马克思在中学期间给同学们留下了复杂的印象："他的同学们非常喜欢他，但又非常害怕他——喜欢他是因为他总是淘

图3 马克思画像

气，而害怕他则是因为他随手能写出一些讽刺诗来挖苦他的对头。"①

　　严慈相济的父亲亨利希为马克思开启了学识之门；以贯彻自由主义精神著称的特里尔中学为马克思提供了良好的学习环境；"忘年交"老威斯特华伦帮助马克思开阔了知识视野，为马克思的思想和价值观的形成奠定了坚实基础，马克思由此脱颖而出。追风少年卡尔带着老父亲亨利希的期望和老威斯特华伦的希冀，自此踏上了追逐梦想和信仰的征途！

---

　　① 中共中央马克思恩格斯列宁斯大林著作编译局：《回忆马克思》，北京：人民出版社，2005年版，第218页。

学霸养成记

17岁，是一个心怀梦想的花季。当时的你，是豪情万丈、慷慨激昂，立志做出一番大事业，还是"为赋新词强说愁"，埋头读书，默默做一个安静少年？马克思的17岁，是一个彼时一无所有，却仍要追梦领风决不后退的17岁，是一个写下"为人类幸福而工作"的满腔热情，用尽一生去破茧成蝶的17岁！

17岁的马克思，正值活力四射的青春时期，还没留出后来大家都十分熟悉的大胡子，他还是特里尔中学里的一枚"小鲜肉"。当毕业季来临，他们的校长兼德文老师维登巴赫让毕业生们写一篇关于自己未来理想职业的文章时，马克思用一篇《青年在选择职业时的考

虑》，获得了维登巴赫的"思想丰富、布局合理、条理
分明、相当好"的高度称赞。

当时正值毕业季，同学们都面临着继续升学或就业
的问题，大部分人都在为自己的前途考虑，从利己主义
出发，以个人幸福作为选择职业的标准。然而，年仅17
岁的马克思与其他人不同，他不想只是为自己选择职
业，而是把这个问题提高到社会和全人类的层面去考
虑。马克思认为，"如果一个人只为自己劳动，他也许
能够成为著名的学者、伟大的哲人、卓越的诗人，然而
他永远不能成为完美的、真正伟大的人物"。①

掷地有声的语句，洋溢着青年马克思愿为人类事业
献身的气概。马克思用慷慨激昂的热情宣示了他义无反
顾的决心："如果我们选择了最能为人类而工作的职
业，那么，重担就不能把我们压倒，因为这是为大家做
出的牺牲；那时我们所享受的就不是可怜的、有限的、
自私的乐趣，我们的幸福将属于千百万人，我们的事业
将悄然无声地存在下去，但是它会永远发挥作用，而面

---

① 《马克思恩格斯全集》第1卷，北京：人民出版社，1995年
版，第459页。

对我们的骨灰，高尚的人们将洒下热泪。"①锵锵的字句恰似青年马克思向全世界发出的宣言书——为人类的解放事业而奋斗，立志做人间的普罗米修斯。这不仅仅是马克思《青年在选择职业时的考虑》一文的主旨，更是青年马克思的崇高理想。在之后漫长的斗争岁月中，虽栉风沐雨、遍尝艰辛，但他仍始终不渝地忠实于青年时代的誓言。纵观马克思的一生，他就是为人类服务的最光辉的榜样！

　　和所有慈祥的父亲一样，老马克思在儿子中学毕业后，希望马克思能够子承父业，成为像自己一样受人尊重的律师。因此，他认为将马克思送入波恩大学研习法律是最好的选择。波恩大学是莱茵省的精神文化中心，那里自由自在、不拘小节的风气盛行，学生之间饮酒狂欢，互相讥评政治、漫谈国家大事。一个新颖且充满趣味的世界，向初入大学的马克思缓缓敞开。马克思第一年的大学生活充满了年轻人的热情浪漫与躁动轻狂——他加入了学校的特里尔同乡会，和同伴们畅谈畅饮、尽

---

　　① 《马克思恩格斯全集》第1卷，北京：人民出版社，1995年版，第459—460页。

情抒怀；在课余时间和同伴们学习击剑、骑马；参加诗歌创作小组，迷恋于创作浪漫主义文学，经常给父亲寄去自己创作的诗歌作品；与贵族学生发生争执，甚至决斗……

但是，马克思在玩乐的同时，并未忘记自己的理想。旺盛的求知欲使得他刚入学就选修了9门课程。17岁的马克思异常迷恋文学史和诗歌写作，他除了学习本专业的法学课程，同时还选修了希腊罗马神话、荷马问题和近代艺术史等几门课程。马克思以极大的热情投入学习当中，废寝忘食地钻研各门学问，导致身体不堪重负，终于病倒了。老马克思在回信中对儿子提出忠告："在这个悲惨的世界上身体是你智慧的永恒伴侣，整个机器的良好状况都取决于它。一个体弱多病的学者是世界上最不幸的人。因此，用功不要超出你的健康所能容许的限度。此外，每天还要运动运动，生活要有节制，我希望，每次拥抱你的时候都会看到你身心更加健康。"①信中充满了老马克思对爱子身体健康的担忧和殷

---

① 《马克思恩格斯全集》第47卷，北京：人民出版社，1995年版，第518—519页。

切的关怀，之后，马克思对课程进行了压缩调整，更多地依靠自学而不是课堂听讲了。

爱子心切的老马克思害怕波恩大学自由散漫的风气带坏了儿子，于是决定将马克思转校到以学风严谨著称的柏林大学。柏林大学位于普鲁士的首都，有着巍然屹立的建筑、浩如烟海的藏书、涵今茹古的学者和教授，为马克思的学习与成长提供了一个广阔的舞台。刚入学的第一年，18岁的马克思"敞开肚皮读书"，走上了一条成为超级学霸的道路。"学霸"体现在"两耳不闻窗外事，一心只读圣贤书"。他通宵达旦、废寝忘食地阅读和思考，心无旁骛地埋头沉浸在学术世界里。著名的左翼政治活动家梅林在《马克思传》里说，马克思在一年内自修所学到的知识，如果按照学院"喂养"式的教授方法，十年也学不完。正是在这种看似漫无边际的阅读中，马克思逐渐形成了自己严谨的治学态度和良好的学习习惯，正如他去世后一家报纸所评论的："如果你接受了他的第一个前提，那么，那些一个紧接一个的、强有力的、贯穿到底的推理，就会使你无法停下来。"正是这样缜密的甚至称得上苛刻的治学方法，使得马克思的所有著述都有一种无法抗拒的逻辑力量！这也使得马克思的崇高思想成为"为全人类解放事业而奋斗"的鲜明旗帜！

就这样，青年马克思在柏林大学刻苦攻读、不断探索着新事物。在第一次接触到黑格尔哲学时，马克思并不喜欢黑格尔"那离奇古怪的调子"，他曾写了一首诗来讽刺黑格尔哲学："……每个人都可以啜饮这智慧的玉液琼浆，我给诸位揭示一下，因为我实际上什么都没讲！"[1]然而，当马克思在施特拉劳住院休养时，他将黑格尔的著作从头到尾深入了解了一遍后，对黑格尔的评价发生了翻天覆地的变化——"卡尔在1837年11月11日给父亲的信里写道：'我同我想避开的现代世界哲学（指黑格尔哲学——引者）的联系却越来越紧

图4　马克思与恩格斯合写的批判黑格尔学说的著作——《神圣家族》

---

① 《马克思恩格斯全集》第1卷，北京：人民出版社，1995年版，第735—736页。

密了。'"①甚至在后来的几十年，虽然马克思的学术成果已经远远超越了黑格尔哲学，但他仍然对黑格尔怀有深深的敬意，甚至高傲地对所有人宣称："我公开承认我是这位伟大思想家的学生！"②

生活就像海洋，只有意志坚强的人，才能到达彼岸。为人类的解放事业而奋斗，这个崇高的理想对于马克思而言，并不是一句空话，他用满腔的激情，将崇高的理想落实到孜孜不倦的学习、专心致志的思考和笔耕不辍的写作中去，他自信的步履敲击着地面，震怒的双臂直指苍穹，他在广阔的知识领域里兴奋着、沉醉着，为了梦想一往无前。

---

① 《马克思恩格斯全集》第47卷，北京：人民出版社，1995年版，第15页。

② 《马克思恩格斯全集》第2卷，北京：人民出版社，1995年版，第112页。

选择贫困

　　1841年3月30日，马克思通过了柏林大学的全部考试，取得了柏林大学的毕业证书，1841年4月15日，又在耶拿大学获得了"哲学博士"学位。求学生涯结束以后，马克思正式走向广阔的社会舞台，就如同他所说："生活中往往会有这样的时机，它好像是表示过去一段时期结束的界标，但同时又明确地指出生活的新方向。"[①]马克思从大学毕业走向社会，就是他生活道路上一个重要的界标，展示了他生活的新方向。

　　马克思毕业后没有按照原来计划的那样选择留校任

------

　　① 马克思：《给父亲的信》（1837年11月10日），《马克思恩格斯全集》第40卷，北京：人民出版社，1995年版，第8页。

教，因为他不想和那些思想僵化、政治反动的教授们在一起，与这些人一起工作对他来说是一种煎熬。他将"批判的热情"放到了最能为人民传达声音的报刊上，于是来到了《莱茵报》社工作，并且在1842年10月15日正式担任主编。马克思认为，报刊应该是人民日常思想和情感的表达者。它必须生活在人民之中，"真诚地和人民共患难、同甘苦、齐爱憎"。①他在《莱茵报》社工作期间，始终坚持这个办报原则。在这里他写了许多抨击时事的文章，揭露了社会的黑暗与丑陋，反映了普鲁士政府对人民的剥削和压迫。

报纸是一个复杂的有机体，它既需要办报人有坚定的立场，不能随风倒，也需要办报人有超强的组织能力。坚定的立场自然不必说，马克思始终站在贫苦大众的一方，坚持为受剥削和压迫的人民发声。为把报纸的编辑工作组织得井井有条，马克思在担任主编期间付出了不少心血，也显示出他高度的组织能力。

普鲁士政府当时出台了十分苛刻的书报检查制度，

---

① 马克思：《〈莱比锡总汇报〉的查封》，《马克思恩格斯全集》第1卷，北京：人民出版社，1995年版，第187页。

严厉打击那些对政府的不利言论。马克思在致卢格的一封信里写道:"在普鲁士这个没有警察局发的牌号连狗也不能生存的地方,要把《莱茵报》这样的政治机关报办下去需要最坚强的毅力。"①

马克思为了不给书报检察机关查封报纸的借口,不让暴力破坏自己的计划,与书报检察官斗智斗勇,然而这真的是一件消耗元气的事情,马克思为此耗费了大量精力。但是随着《莱茵报》影响力的不断扩大,在很大程度上已经触碰到普鲁士政府的切身利益,这是普鲁士政府决不能忍受的,为此该政府决定从1843年4月1日起禁止《莱茵报》的出版。

面对普鲁士政府的迫害和《莱茵报》股东的软弱,马克思虽然早已预料到,但还是决定退出《莱茵报》编辑部。1843年1月25日,他写信对卢格说:"我从《莱茵报》被查封一事看到了政治觉悟的某些进步,因此我决定不干了。而且,在这种气氛下我也感到窒息。即使是为了自由,这种桎梏下的生活也是令人厌恶的,我讨

---

① 马克思:《致阿·卢格》(1842年7月9日),《马克思恩格斯全集》第27卷,北京:人民出版社,1995年版,第429页。

厌这种小手小脚而不是大刀阔斧的做法。伪善、愚昧、赤裸裸的专横以及我们的曲意奉承、委曲求全、忍气吞声、谨小慎微使我感到厌倦。总之，政府把自由还给我了。"①1843年3月17日，马克思发表声明："本人因现行书报检察制度的关系，自即日起，退出《莱茵报》编辑部。"②

我们常说风险与回报是成正比的，高风险高回报，可是这对马克思来说却不一样。虽然他选择了这样一份为人类事业而奋斗的高风险工作，却也相当于选择了贫困。与政府对抗，为平民大众发声，是一份危险性极高的工作，这样的工作显然是不会给他带来大富大贵的，甚至他还为此屡遭驱逐，颠沛流离，没有固定居所，成为名副其实的"世界公民"。

离开《莱茵报》之后，马克思辗转来到法国巴黎。在巴黎，马克思从事了多方面的活动，成为反动政府最痛恨的对象，法国政府在1845年初给马克思下了驱逐

① 马克思：《致阿·卢格》（1843年1月25日），《马克思恩格斯全集》第27卷，北京：人民出版社，1995年版，第439—440页。

② 马克思：《声明》（1843年3月17日），《马克思恩格斯全集》第1卷，北京：人民出版社，1995年版，第244页。

令，让他必须在24小时之内离开巴黎，于是马克思一家被迫又从巴黎迁居到布鲁塞尔。由于离开巴黎的时间紧迫，家人们迫不得已廉价出售了全部家具和一些衣物，因此在布鲁塞尔的头一年，马克思一家的生活极其困难。光是房子就来回搬了七八个，最终落脚点是现在称之为"联排别墅"的普通居民楼。如今那里已经是"历史遗迹"，伊克塞尔区历史协会写了一块小牌子：

图5　马克思与燕妮

1846—1848马克思在这里居住。在马克思一家被驱逐出布鲁塞尔的时候，布鲁塞尔政府对马克思的态度真是野蛮之极，当地警察先是带走了马克思，随后以身份证问题为由，把燕妮（马克思的夫人）也抓进监狱，而且还把她和一个"狂暴的疯子"关在同一间牢房里。想想马克思一家所遭遇的冤屈就令人感到愤慨。但无论遭遇什么样的困境，都无法将马克思困顿其中。最后，马克思拖家带口重返巴黎，随后又流亡到伦敦，也终于在那里找到了一个落脚的地方，并且一直待到了生命结束，估计马克思也没想到伦敦会成为他永久和最后的流放地。

频繁的搬家，让马克思本来就拮据的生活更加困难。每一次被驱逐，都让预交的房租化为泡影，而且还不得不去当铺典当更多的东西来预支新的房租。由于典当东西已是家常便饭，马克思的孩子们最熟悉的地方就是英国的当铺，这简直让人痛心不已。生活的窘迫使马克思一家维持生计都是问题，然而这时他的身体状况也出了问题。生活的艰辛和疾病的折磨耗去了马克思大量的精力，也把这个家庭一次次逼到绝境，但这依然不能阻挡马克思的创作激情和政治抱负。

马克思出身富裕家庭，而且聪明好学，知识渊博，在23岁就拿到了博士学位，25岁时还娶到特里尔城最漂亮的贵族小姐。他本可以成为"马克思律师""马克思教授""马克思部长"等，但是他却抛弃了这一切，选择了"最能为人类福利而劳动的职业"，也因此选择了贫困的一生。马克思为工作和革命颠沛流离了40年，这40年他儿女夭殇，家贫如洗，却始终初心不改，用实际行动展现了无产阶级革命家的气节。

与幽灵共舞

生活不只有苦难,也不只有享乐,更多的是我们应当为之奋斗并坚持到底的事业。马克思在布鲁塞尔的三年是贫困潦倒的三年,但也是他著作高产期的三年。在这三年里,马克思与他的搭档恩格斯一起写了《德意志意识形态》一书,两人在写作此书时采用了幽默与讥讽的风格,给艰辛的创作过程增添了不少乐趣。除此以外,马克思还有自己的独立著作,一部是《关于费尔巴哈的提纲》,一部是针对蒲鲁东的《哲学的贫困》,还有一部是根据他给布鲁塞尔的德国工人协会演讲稿整理而成的《雇佣劳动与资本》,并且影响深远的《共产党宣言》也是诞生于这个时期。1848年,标志着马克思主义诞生的《共产党宣言》闪亮登场，一问世就吸引了众人的目光，成为工人阶级的思想武器，从根本上改变了资本主义社会一统天下的世界格局。这时期的马克思俨然已成为一名学有所成的大师，可以得心应手地运转自己的理论体系。

图6　青年恩格斯

《共产党宣言》是共产主义者同盟第二次代表大会的结晶，是共产主义者同盟的纲领。对于第一个无产阶级政党来说，制定自己的科学的党纲，向全世界公开申明党的理论和政策是十分必要的。因此，同盟领导人早在第一次代表大会上就对这个问题进行过讨论，并制订了《共产主义信条草案》。

恩格斯根据各位同盟人员讨论的情况，也表达了自己的想法和意见，于1847年11月写成了《共产主义原理》。恩格斯将马克思视为知己和崇拜的偶像，自然要和马克思一起分享他的写作成果。恩格斯写信给马克思说道："我开头写什么是共产主义，随即转到无产阶级——它产生的历史，它和以前的劳动者的区别，无产阶级和资产阶级之间的对立发展、危机、结论。其中也谈到各种次要问题，最后谈到了共产主义者的党的政策中应该公开说明的那些内容。"①经过恩格斯的精心修改，《原理》与《信条》相比，结构显然更加严谨，表述更加精确，内容更加丰富。

共产主义者同盟第二次代表大会委托马克思和恩格斯起草宣言，大会闭幕后马克思和恩格斯两位革命导师

---

① 恩格斯：《致马克思》（1847年11月23—24日），《马克思恩格斯全集》第27卷，北京：人民出版社，1995年版，第123页。

先后来到布鲁塞尔专心商讨研究《共产党宣言》的内容、结构和表达方式，把《共产党宣言》的大纲拟定了出来。随后，马克思用了大约一个月时间完成这部伟大著作的写作。虽然后期是马克思独立写作，但恩格斯《共产主义原理》中的思想材料也是他写作的灵感来源，并且他对恩格斯的意见表示高度赞同。《共产党宣言》于1848年2月初交付英国伦敦中央委员会，委员会对这份宣言感到非常满意，一致认为这是一份划时代的宣言，无需任何修改即可印刷并传播。

伟大的时代呼唤伟大的理论，伟大的实践一定能产生伟大的思想。马克思在见证了反动政府和资产阶级的黑暗和残酷之后，写了无数抨击社会的著作。但《共产党宣言》无疑是他的成名之作，也是共产主义运动有史以来所出现的最科学、最具有历史意义的文件，奠定了马克思主义建党学说的基础，它完整而系统地体现了马克思和恩格斯对共产主义运动本质的理解。它以"透彻鲜明的笔调叙述了新的世界观，即包括社会生活在内的彻底的唯物主义、最全面最深刻的发展学说辩证法以及关于阶级斗争、关于共产主义新社会的创造者无产阶级所负的世界历史革命使命的理论"。①

　　翻开《共产党宣言》，我们可以看到有七篇序言和四章正文。《共产党宣言》文笔犀利，直指要害，全面论述了共产党的性质、特点、基本纲领和策略原则，揭示了资本主义的内在矛盾，阐明了无产阶级作为资本主义掘墓人的伟大历史使命，同时指出了资本主义必然灭亡和共产主义必然胜利的历史规律。这一切都彰显了马克思和恩格斯对共产主义、对人类社会做出的丰功伟绩。

　　《共产党宣言》一经发表，就在全世界引起轰动，被译成多种文字在多个国家传播，其影响性不言而喻。恩格斯指出："在全部社会主义文献中，《共产党宣言》是传播最广和最带国际性的著作，是从西伯利亚起到加利福尼亚止的千百万工人认识的共同纲领。"②《共产党宣言》的第一版是在法国二月革命时问世的，随后，各种欧洲文字相继出版。但是，第一次看到作者的名字却是在1851年宪章派杂志《红色共和党人》上发表的第

---

　　① 列宁：《卡尔·马克思》，《列宁选集》第2卷，北京：人民出版社，1976年版，第427页。

　　② 马克思、恩格斯：《共产党宣言》，《马克思恩格斯选集》第1卷，北京：人民出版社，2005年版，第236页。

图7 《共产党宣言》中文首译本第二版

一个英译本《共产党宣言》上，从此马克思、恩格斯的名字与《共产党宣言》紧密地联系在一起。写就《共产党宣言》时，马克思仅仅30岁、恩格斯只有28岁，如此年轻的头脑却思考和回答了人类向何处去那样宏大深刻的命题，他们称得上是真正的年轻有为。

真理之光不受地域限制，无数仁人志士在国家危难之际为寻求救亡图存的真理时，《共产党宣言》跨越千山万水从欧洲来到中国，马克思、恩格斯的名字也传入了中国。1920年，陈望道在自家年久失修的柴房里，放上两条板凳，靠一块铺板和一盏煤油灯，完成了《共产党宣言》的全译本。中译本《共产党宣言》出版后，供不应求，被多次要求再版，可见，当时为了救国救民的仁人志士的学习热情之高。

《共产党宣言》直接催生了中国共产党的成立，更滋养了一代又一代的中国共产党人。毛泽东将《共产党宣言》看了不下一百遍；周恩来将《共产党宣言》当作他的"贴身伙伴"；邓小平将《共产党宣言》视为自己的入门老师；刘少奇从这本书中了解到共产党是干什么的……这简直是一本书影响了一群人，而一群人又改变了中国的命运。

"一个幽灵，共产主义的幽灵，在欧洲游荡。"马克思、恩格斯用诗一般的文字，开启了一个全新的时代。时间是最可靠的试金石和显影剂，《共产党宣言》发表170多年来仍保持着强大的生命力，它改变了世界，也改变了中国。在未来，这部著作所蕴含的思想光芒仍会穿越时空，持续为人类社会的发展提供有价值的思考和答案。

掌握资本世界的钥匙

1883年3月14日14时45分，伟大的思想家停止思想了。达尔文发现了有机界的发展规律，而马克思发现了人类历史的发展规律。除此之外，他还发现了现代资本主义生产方式和它所产生的资产阶级社会的特殊的运动规律。恩格斯的《在马克思墓前的讲话》中说道："一生中能有这样两个发现，该是很够了。即使只能做出一个这样的发现，也已经是幸福的了。但是马克思在他所研究的每一个领域，甚至在数学领域，都有独到的发现，这样的领域是很多的，而且其中任何一个领域他都不是浅尝辄止。"马克思是一个革命家，更是一个思想家，他的英明和事业将永垂不朽！

每个人的人生都会有指引前行方向的人生导师,马克思也不例外。马克思在哲学上有两个人生导师:一个是黑格尔,教会了马克思辩证法;一个是费尔巴哈,教会了马克思唯物论。但马克思可不是死搬教条之人,有着超强的质疑精神,他发现黑格尔的哲学和费尔巴哈的哲学均存在问题,那他就势必要对这些理论进行改造。在马克思的钻研下,有了其人生的第一大发现——唯物史观。这简直让人振奋呀!唯物史观实现了两大有机统一:一是实现了唯物主义和辩证法的有机统一,形成了唯物辩证法;二是实现了自然观和历史观在人类社会实践基础上的有机统一,创立了唯物史观。

《关于费尔巴哈的提纲》是马克思写的批判费尔巴哈哲学思想的文章,被恩格斯称为"包含着新世界观的天才萌芽"。文章虽然短小精悍,却为后来《德意志意识形态》的出现奠定了基础。

《德意志意识形态》是马克思和恩格斯这对好搭档共同撰写的,目的是为了批判黑格尔、费尔巴哈和施蒂纳所代表的德国哲学和德国的"真正的社会主义"。燕妮写道:"夏天,恩格斯和卡尔一道写文章批判德意志哲学，促使他们这样做的外部动力是《唯一者及其所有物》一书的出现。"①在《德意志意识形态》中，马克思阐明了社会存在和社会意识的辩证关系原理，他指出："全部人类历史的第一个前提无疑是有生命的个人的存在。因此，第一个需要确认的事实就是这些个人的肉体组织以及由此产生的个人对其他自然的关系。当然，我们在这里既不能深入研究人们所处的各种自然条件——地质条件、山岳水文地理条件、气候条件以及其他条件。"②马克思发现了人类历史的发展规律，即历来被繁芜丛杂的意识形态所掩盖的一个简单事实：人们首先必须吃、穿、住，然后才能从事政治、科学、艺术、宗教等。《德意志意识形态》一书，首次较为系统地论述了唯物史观的基本原理，标志着马克思主义唯物史观的诞生。

除此之外，马克思还发现了剩余价值，《资本论》的横空出世，代表着剩余价值理论体系的诞生。《资本

---

① 中共中央马克思恩格斯列宁斯大林著作编译局：《回忆马克思》，北京：人民出版社，2005年版，第152页。

② 《马克思恩格斯文集》第1卷，北京：人民出版社，2009年版，第519页。

论》是以唯物史观的基本思想为指导，通过深刻分析资本主义生产方式，揭示了资本主义社会发展的规律，发现了工人阶级受剥削的根源问题，同时也使唯物史观得到了科学的验证及进一步的丰富和发展。马克思在《资本论》中研究了资本主义社会的发生和发展，揭露了它的内在本质和矛盾，指出社会主义革命的必然性和共产主义胜利的必然性。《资本论》是马克思用毕生心血写成的一部光辉灿烂的科学巨著，是马克思"整个一生科学研究的成果"。马克思在写《资本论》的时候，曾经

图8 《资本论》

写信给他的一个朋友，道出了这本书写作时的艰辛，"我一直在坟墓的边缘徘徊。因此，我不得不利用我还能工作的每时每刻来完成我的著作，为了它，我已经牺牲了我的健康、幸福和家庭"。

马克思在撰写《资本论》时，每天上午9点就去伦敦大英博物馆阅览室查找资料，研究文件，几乎翻遍了所有关于政治经济学的书籍、报纸、杂志，阅读并做笔记的书超过1500本。马克思一坐就是一整天，晚上回到家中，还经常通宵达旦地写作。1867年，马克思给恩格斯写信，激动地告诉他，《资本论》第一卷即将出版。"这本书的最后一个印张刚刚校完……这样，这一卷就完成了……我只有感谢你！没有你为我所做的牺牲，我是绝不可能完成这三卷书的巨大工作的。我以满怀感激的心情拥抱你！"马克思和恩格斯几乎每天都通过书信交流看法，他们谈论哲学、政治、军事等各种问题，至今保存下来的书信达1300多封。

1883年，马克思逝世，这个消息对于恩格斯来说简直是晴天霹雳。朋友们劝告恩格斯出去旅行散心，但是恩格斯想到马克思用尽毕生精力写作的《资本论》还没有完成，就谢绝了朋友们的好意，振作起来开始着手整理和出版《资本论》的最后两卷。恩格斯用了整整11年的时间，夜以继日地抄写、整理、补充和编排，才终于完成了这部伟大的著作。恩格斯在写给一位朋友的信中说："要整理马克思这样每一个字都贵似黄金的人所留下的手稿是需要花费不少劳动的。但是，我喜欢这种劳动，因为我重新又和我的老朋友在一起了。"

常言道："以金相交，金耗则忘；以利相交，利尽则散；以权相交，权失则弃。"真正伟大的友谊往往发生在两个优秀的独立的人格之间。马克思与恩格斯之间的友谊，跟金钱没有关系，纯粹发自信仰和人生观、世界观的高度合拍，他们的革命友谊长达40年。列宁曾说："古老传说中有各种各样非常动人的友谊故事"，但马克思和恩格斯的友谊"超过了古人关于人类友谊的一切最动人的传说"！

《资本论》这部著作可以称得上是马克思和恩格斯友谊的伟大结晶。在《资本论》第二卷出版前，恩格斯特意选择在5月5日马克思生日这一天撰写了序言，作为对逝去的老战友的最好纪念。列宁曾评价说，《资本论》第二、第三卷应该说是马克思和恩格斯两人共同的著作。但恩格斯决不贪功，他谦虚地说："我一生所做的都是我预定要做的事情——就是我演的只是配角——而且我想我还做得不错。"

《资本论》是一部天才的哲学著作。恩格斯曾经对这部书给予高度的评价："自地球上有资本家和工人以来，没有一本像我们面前这本书那样，对于工人具有如此重要的意义。资本和劳动的关系，是我们现代全部社会体系所赖以旋转的轴心，这种关系在这里第一次做了科学的说明，而这种说明之透彻和精辟，只有一个德国人可以做到，这个人就是马克思，他攀登到最高点，把现代社会关系的全部领域看得一览无遗。"《资本论》被誉为"工人阶级的圣经"，它武装了无产阶级，成为无产阶级进行革命斗争的强有力的理论武器，是马克思主义理论宝库中光辉灿烂的科学著作。

马克思曾说过："或许我生来叛逆，人应该掌握自己的命运，应该追求千百万人的幸福，而不是可怜的、有限的、自私的乐趣。"当时的马克思并不知道，自己的研究会对世界产生这么大的影响，他只是在孜孜不倦地追求着自己认为的真理，没有想过任何回报，这便是理想的力量。直到现在，人类依然需要马克思、需要去追寻生活的目的性、追求更高的价值、追问生存的意义。"哲学家们只是用不同的方式解释世界，而问题在于改变世界。"在马克思身上，革命家与思想家达到了完美的结合。他发现了自然界、人类社会、人类思维发展的普遍规律，终其一生都是无产阶级革命的指引者、实践者，他用舌、用笔、用剑，为无产阶级和被压迫民族的解放带来了思想的火种，点燃了行动的火焰。他的英名和事业必将永世长存！

仗剑的思想家

　　思想是从实践土壤中开出的炙热之花，又炽化为指导实践前行的火把。马克思思想的产生建立在洞察现实的基础之上，是对人类社会发展客观规律的科学反映，其思想照亮了人类前进的道路。正如习近平总书记指出的："马克思主义不是书斋里的学问，而是为了改变人民历史命运而创立的，是在人民求解放的实践中形成的，也是在人民求解放的实践中丰富和发展的，为人民认识世界、改造世界提供了强大精神力量。"

　　马克思涉猎广泛，也并非是天生的唯物主义者，其思想的形成受到多种因素的影响，他是在不断地学习、实践和自我批评中逐渐发展出了自己的思想。马克思是在大学的时候开始接触黑格尔哲学的，而真正与黑格尔哲学结缘则是在他生病疗养期间。疗养对马克思来说可谓是一件一举多得的益事，不但身体有了好转，还与黑格尔哲学擦出了思想的火花。这位"学霸"总是把自己的生活安排得很充实，在疗养期间也不忘学习，他把黑格尔晦涩难懂的著作从头到尾读了一遍，完全明白了黑格尔的"套路"。黑格尔哲学令马克思醍醐灌顶，经历了一次思想的洗礼。自此，马克思把黑格尔奉为自己的精神偶像。

在经历了这次思想大转变之后，马克思经朋友引荐参加了柏林大学的"博士俱乐部"，也就是青年黑格尔派的一个组织。马克思虽是博士俱乐部中年纪最小的，却很有激情，踊跃地参与他们的活动，不久就成为俱乐部的中心人物，获得了成员的信任和钦佩。不得不感慨马克思非凡的才能和卓越的领导能力。研究黑格尔哲学和加入青年黑格尔派是马克思人生中的一次重要转折，也是马克思思想形成阶段不可缺少的一环。

大学的时光总是有限的，我们总归要离开象牙塔般的生活走向外面的世界。走入社会，面临的第一个问题就是择业，才华横溢的马克思在毕业后选择来到《莱茵报》实现自己的理想。在《莱茵报》工作期间，他为贫苦大众打抱不平，写了许多抨击时事的文章。但马克思慢慢发现，自己在大学时信奉的黑格尔哲学并不能很好地解决实际问题。《林木盗窃法》的颁布和摩赛尔地区贫苦农民生活的惨状让马克思看清了法律的虚伪性，也使他对政府倍感失望。

在这两次事件的叠加下，马克思发现了黑格尔哲学存在的内在矛盾，也明白自己要想搞清楚物质利益与国家立法的关系，光依靠黑格尔哲学是行不通的，这促使马克思萌发了研究政治经济学的想法。可以说，在《莱茵报》的实践经历使黑格尔那"神"一般的形象在马克思心中坍塌了，这也是马克思由唯心主义转向唯物主义、由民主革命思想转向共产主义革命思想的重要一步。

敢说敢做的马克思因发表了多篇抨击政府的文章，注定在《莱茵报》社待不长久，他只能被迫从社会的舞台退回到书房。回归书房的马克思将积累了一年之久的困惑、经验与论断进行了集中清理，最终于《黑格尔法哲学批判》中形成了"市民社会决定国家"的结论,这是马克思实践的"莱茵报时期"与理论的"克罗茨纳赫时期"共同孕育的结晶。

马克思发现,国家、法律之类根本就不神秘,也不是黑格尔所说的是"绝对观念"的化身,而是受到"物质生产关系总和"的制约,即市民社会的制约。马克思由此得出一个著名结论:是市民社会决定国家,而不是国家决定市民社会。同理,法律和宗教也是如此。所以马克思呼吁"对天国的批判变成对尘世的批判,对宗教的批判变成对法的批判,对神学的批判变成对政治的批判"。那如何批判呢?马克思说了一段我们众所周知的话:"批判的武器当然不能代替武器的批判,物质力量只能用物质力量来摧毁,但是理论一经掌握群众,也会变成物质力量。理论只要说服人,就能掌握群众,而理论只要彻底,就能说服人。"①不难理解,"批判的武器"指的就是笔杆子,"武器的批判"当然就要真枪实弹地去实践斗争。在这里,马克思讲的群众就是处于社

---

① 《马克思恩格斯文集》第1卷,北京:人民出版社,2009年版,第11页。

会底层的贫苦大众——无产阶级。这完全可以表明马克思已成为一个真正的革命家。青出于蓝而胜于蓝，马克思经过岁月的沉淀已经超越了他的老师黑格尔。

通往革命的道路是无比艰辛的，马克思的一生是与各种错误社会思潮斗争的一生，是指导社会革命的一生。《黑格尔法哲学批判》《关于费尔巴哈的提纲》和《德意志意识形态》表明了马克思对黑格尔毫不妥协的态度，充分展现了思想巨人的较量。《哲学的贫困》对蒲鲁东的小资产阶级经济学和社会主义观点进行批判，也是对唯物史观、唯物辩证法以及科学社会主义思想作出的更为精确的表述。《共产党宣言》全面阐述了科学社会主义基本思想，同时也对形形色色的社会主义思潮进行了深入的分析和批判，彻底划清了科学社会主义和空想社会主义的原则界限。《资本论》第一卷出版以后，受到了资产阶级的各种抵制、诋毁和攻击，但真理就是真理，唯物主义历史观不是假设，任"风吹雨打"也不会改变。

"第一国际"成立后，工人运动迅速发展，但事情进展必然不会像期待的那样一帆风顺，工人阶级的革命斗争受到各种非马克思主义思想和派别的干扰，一系列基本理论问题被搅乱。蒲鲁东主义和巴枯宁主义是当时影响最大、危害最深的两种机会主义思潮，马克思因此与蒲鲁东主义和巴枯宁主义进行了不懈的斗争。接受真理的路程虽然漫长，但真理之光终究不会被掩盖。通过斗争，马克思赢得了越来越多的工人群众的拥护，可喜可贺的是，在1872年国际海牙代表大会上，马克思思想补充进了《国际工人协会共同章程》。

在"第二国际"时期，各种非无产阶级思潮在工人运动中更加肆无忌惮地流行起来，试图用资产阶级世界观和假社会主义对抗科学社会主义，特别是德国社会民主工党内部越来越偏向错误思潮，这就严重影响了工人运动的发展。其中，拉萨尔派的错误思潮影响很大，马克思势必得对拉萨尔派进行反击。马克思用《哥达纲领批判》对拉萨尔机会主义做了全面系统的批判，划清其与科学社会主义的原则界限。因考虑到需要维护工人队伍的团结，这篇文章在当时便没有公开发表。

马克思的思想如剑一般锋利，他那简洁、清晰、科学的思想总能直击要害，而马克思本人简直就是一位

"仗剑"的思想家，他在与形形色色的资产阶级、小资产阶级的思潮以及同共产主义运动内部的错误思想、派别做坚决斗争时，不仅是科学战胜谬误的过程，同时也是马克思思想逐渐完善的过程。最终，马克思思想成为无产阶级和人类解放的理论指南并响彻全世界。

明代大文学家归有光八次落第，于是有了《项脊轩志》这样的隽永文章；英国大将军威灵顿七败七战，于是有了永垂千古的美名；越王勾践卧薪尝胆，于是有了"苦心人，天不负"这样的豪言壮语。马克思始终践行为人类事业而奋斗的承诺，终于成为影响世界进程的"千年伟大思想家"。

伟大的爱与哀愁

"尽管此刻我一无所有，仍要追梦领风绝不退后，一旦出发就必须到达，我期待破茧的那一天，飞跃黑夜，让爱无畏，信念给了我勇气，寻找光明和真理，岁月易逝，我只活一次。"《领风者》这首歌曲是马克思面临困难时的最真实的写照。回顾马克思的一生，虽然没有光鲜亮丽的职业，却成就了伟大的共产主义事业，他放弃优渥舒适的律师职业，走上了一条为人类解放而奋斗的漫漫"长征路"。他的一生虽颠沛流离，却始终有爱人燕妮的陪伴和好友恩格斯的无私支持！马克思的一生，爱与哀同行！

"我妻子的首饰又进了当铺，因为除此之外，我们无法筹到钱来租新的住处。"马克思在给朋友的信中多次这样写道，可见马克思的生活是多么的窘迫和拮据！马克思一家生活困难的原因，得从1845年12月普鲁士政府剥夺马克思国籍的那一刻说起。自那以后，马克思开始了长达38年无国籍的生活，加上马克思所从事的共产主义事业危害到了反动势力的利益，这使马克思不得已离开自己的祖国，踏上了长达40年颠沛流离、贫困潦倒的流亡之路。

不间断的驱逐令、频繁的搬家，让马克思拖家带口的流亡生涯更加艰难。每一次驱逐，每一次搬家，都让本就贫困的生活雪上加霜。更不幸的是，艰难的生活环境、入不敷出的资金、繁杂的家务等一系列事件导致马克思的七个孩子夭折了四个。1855年4月，马克思的希望、最可爱的儿子——埃德加尔也去世了。马克思在给恩格斯的信中写道："亲爱的孩子曾使家中充满生气，是家中的灵魂，他死后，家中自然完全空虚了、冷清了。简直无法形容，我们怎能没有这个孩子。我已经遭受过各种不幸，但是只有现在我才懂得什么是真正的不幸。我感到自己完全支持不住了。从埋葬他那天起，我的头疼得不得了，让我不能想，不能听，也不能看。"家徒四壁的生活、孩子的相继夭折给马克思和燕妮的身体和精神带来无法想象的双重打击！

幸运的是，在人生最困难之际，妻子燕妮始终陪伴在马克思身边，不离不弃。

燕妮，这个对马克思来说象征着幸福讯息的名字，这个对马克思来说是爱情化身的名字，深深地烙印在马克思的心中。燕妮被称为"特里尔城最美丽的女孩""舞会上的皇后""魔法公主"，出身名门的她是名副其实的贵族，而马克思虽出身富裕的律师家庭，但属于平民阶层，二人的社会地位悬殊，这是马克思和燕妮在一起的第一道坎。而第二道坎便是不被世俗认可的姐弟恋，马克思比燕妮小4岁，在那个年代，人们并不看好姐弟恋，甚至认为这是令人不齿的。

爱情路上困难重重，马克思和燕妮却义无反顾，虽然经受着"异地恋"的甜蜜与思念，但是他们志同道合，精神契合，有共同的理想信念。在"异地恋"期间，马克思给燕妮写了很多情书，被后人整理为三本情诗集《爱之书》（一、二）和《歌之书》，至今为人们所津津乐道。1836年，18岁的马克思和22岁的燕妮瞒着家里偷偷订了婚。

童话故事里，美丽聪颖的公主和英俊潇洒的王子排除万难，最终幸福美满地生活在一起。马克思和燕妮的爱情故事听起来像童话故事一样完美，可是在残酷的现实面前，童话故事不堪一击。马克思不肯为资本家效力，一度穷困潦倒，婚后两人住在简陋的出租房，但是燕妮毫无怨言，不仅生活上无微不至地照顾马克思，在事业上也给予马克思极大的帮助。由于马克思的字迹潦草，很难辨认，燕妮就亲手抄一遍再送去印刷厂。毫不夸张地说，娶燕妮为妻是马克思这位"千年思想家"做得最正确的一件事！

在马克思的一生中，除了青梅竹马的燕妮，忠诚度最高的"置顶"好友则非恩格斯莫属！

"朋友一生一起走，那些日子不再有，一句话，一辈子，一生情，一杯酒。"《朋友》这首歌就像是为马克思和恩格斯的"兄弟情"量身定做的，完美诠释了什么是"一辈子、一生情、一杯酒"。每个人的人生都会有不可或缺的人相伴，恩格斯不仅是马克思的挚友，更是他"为人类解放事业而奋斗"的革命战友。"高山流水遇知音，彩云追月得知己"，马克思和恩格斯两个人是"伯牙遇子期""英雄惜英雄"，相互扶持、相互成就，是知音之交、君子之交，甚至是生死之交。

恩格斯比马克思小两岁，1820年出生在莱茵省巴门市一个工厂主的家庭。他的父亲是一名虔诚的宗教信徒，不遗余力地用宗教正统思想来严格教育恩格斯，要求恩格斯以后能够子承父业，成为自己的接班人。年幼的恩格斯虽然心里百般不情愿，在父亲的威严下只能口是心非地答应，但其实，他的心里有更高的精神追求。1834年10月，恩格斯进入埃尔伯费尔德中学学习。在校期间，恩格斯在认真学习课程的同时，也不遗余力地花费更多的时间去阅读欧里庇得斯的悲剧和柏拉图、维吉尔的著作。因此，恩格斯的老师这样评价他："该学生能轻而易举地掌握课文全部内容的整体联系并准确地理解其思路，同时也能熟练地把本学科的作品译为本国语言。"同时，恩格斯在父亲的公司见习期间，一边在工作中实践观察，一边利用一切时间自学哲学、历史、文学和外语等各学科的知识。

　　恩格斯和马克思的第一次见面其实并不愉快，很多马克思的传记中都写道"冷淡地会见了恩格斯"。在1841年至1842年期间，恩格斯作为志愿兵去柏林附近的一个炮兵部队服兵役。当时恩格斯加入了一个叫"自由人"的组织，并开始向《莱茵报》投稿。那个时候，马克思是《莱茵报》小有名气的主编，恩格斯有一次路过莱茵地区，专门拜访了马克思，但是马克思有点瞧不上"自由人"组织，认为道不同不相为谋，对恩格斯也就并不待见。

　　其实，那个时候恩格斯刚刚脱离了"自由人"组织，却由于误会，马克思和恩格斯的第一次见面以失败告终。后来，马克思在巴黎主编《德法年鉴》的时候，阅读了许多恩格斯的文章，其中一篇名为《政治经济学批判大纲》的文章给了马克思深刻的启发。那时的马克思刚刚开始思考经济学的问题，而恩格斯就如同雪中送炭，在文章中已经清楚表明了对资本主义的一些批判，这令马克思对恩格斯格外欣赏。

　　1844年8月28日，马克思与恩格斯相约在巴黎著名的雷让斯咖啡馆见面，两人一见如故，一拍即合，开怀畅饮了10天之久……他们痛骂社会、政治、经济的不公，恩格斯更是将工业文明形容为"肮脏物质拼凑成的悲苦"，他们彼此发现二人在"一切理论领域当中意见都完全一致"。在一起相处的这些天里，二人决定共同写一本书来清算自己之前的青年黑格尔派思想，来捍卫他们已经共同承认的唯物主义和共产主义观点，这就有了他们合写的第一部著作——《神圣家族》。峰回路转，这次合作，预示着马克思与恩格斯终于成功"合体"。

图9 巴黎雷让斯咖啡馆

在此后的很多年，马克思和恩格斯又合作撰写了《德意志意识形态》《共产党宣言》等多部著作，系统阐述了历史唯物主义和剩余价值论的观点，宣告了马克思主义的诞生。

朋友一生一起走，马克思与恩格斯在事业上相互成就，在生活上也是相互关心，步调一致。

我们都知道，马克思是生活上的贫困者，精神上的富有者。在马克思的眼中，只管两袖清风，埋头钻研学术，什么加官晋爵、金钱诱惑对他而言皆为浮云。马克思的思想由于不被当局所接受，只好携带着他的共产主义理想到处流亡，一家人的生活过得捉襟见肘、入不敷出。这时恩格斯挺身而出、雪中送炭，省吃俭用把节省下来的钱全给了马克思。人们常说，朋友之间，不到万不得已不要借钱。说这种话的，看来还不是真正的朋友。在马克思和恩格斯的来往信件中，人们常能看到这样的话语："寄来的10镑已收到，深为感谢。""15镑收到了，感谢之至。"在那个艰难的年代，为了资助马克思继续从事革命活动，恩格斯做出了巨大的牺牲——他重新回到他极为厌恶的经商生活中，一去就是20年。

恩格斯把挣来的钱，源源不断地给马克思汇去。

图10　马克思一家与恩格斯的合影

面对慷慨解囊、对待朋友如此仗义的恩格斯，马克思经常陷入一种深深的愧疚和负罪感中。因为他明白，恩格斯同样具有从事研究和革命事业的能力和魄力，只是为了自己一家人的生活，才不得已放弃自己的理想和追求，去从事自己不愿意做的工作。

马克思曾说道："坦白向你说，我的良心经常像被梦魇压着一样感到沉重，因为你的卓越才能主要是为了我才浪费在经商上，才让它们荒废，而且还要分担我的一切琐碎的忧患。"

恩格斯回答道："卡尔，你不必这么想。"

正是在恩格斯的无私帮助和全力支持下，贫困潦倒的马克思才能够全身心地投入到为人类解放而奋斗的伟大事业中，才能留下一部部伟大的著作。

身无居所，痛失孩子，晚年深受病痛折磨，是马克思之痛；爱人燕妮不离不弃，朋友恩格斯慷慨相助，是马克思之幸。正如歌曲所唱的："即便历经了贫穷和病痛，流离失所，失去了挚爱，也被世人误解和冷落，我不要在名利的光环下迷失自我，不忘初心一往无前点燃燎原之火。"在最困难之际，马克思依旧"让信仰引领不安的心、为命运团结起来革命、为人类的解放身无择行"。他带着梦想与信仰，挣脱泥潭去追逐光明和真理，这真的令人肃然起敬！

人间的普罗米修斯

据古希腊神话传说，泰坦十二神的伊阿珀托斯与海洋女神克吕墨涅生下了普罗米修斯。这位号称"深谋远虑"的古希腊神估计是一位雕塑艺术家，因为他的杰作就是用黏土制作"山寨神仙"——人类。后来智慧女神雅典娜赋予了人类智慧和灵魂，希望他们能和神灵一起共享这个美丽的世界。众神之王宙斯显然不喜欢这个创意，他试图压制人类的发展，其中最狠的一招是不给人类火种。普罗米修斯为了呵护他的创作，给人类盗来了天火。有了火的人类学会用光明驱赶黑暗，用温暖抵御寒冷，渐渐高出其他动物一等。然而，普罗米修斯也为自己的行为付出了惨痛的代价——他被愤怒的宙斯狠狠地体罚，绑在了高加索山岩上饱受日晒鹰啄之苦，直到勇猛的赫拉克勒斯前来解救他。普罗米修斯盗来的"天火"让人类告别了茹毛饮血的黑暗时代，人类文明的进程从此大大推进。

虽然这是一个神话故事，但是普罗米修斯的伟大精神永世流存。在马克思的青少年时期，他就被普罗米修斯的精神深深折服，并立志成为为人类谋幸福的"普罗米修斯"。事实也是如此，马克思放弃高官厚禄和优越舒适的生活，一生都在为贫苦大众奔波，为无产阶级和全人类的解放事业呕心沥血，正是因为他的不辞劳苦和长期坚持，才使多部伟大著作闻名于世，成为工人阶级谋求解放的指向标——开创社会主义的伟大事业，实现共产主义的伟大理想。马克思，一个永垂不朽的名字，一个永远的旗帜，人间的普罗米修斯，我们都应该向他致敬！

马克思的一生，是胸怀崇高理想、为人类解放不懈奋斗的一生，他为我们开创了科学社会主义的伟大事业。仅仅17岁的马克思在他的高中毕业作文《青年在选择职业时的考虑》中写道："选择职业必须遵循的主要指针是人类的幸福和自身的完美，人只有为同时代人的完美和幸福而工作，自己才能达到完美。如果我们选择了最能为人类而工作的职业，那么，重担就不能把我们所压倒，因为这是为大家做出的牺牲；那时我们所享受的就不是可怜的、有限的、自私的乐趣，我们的幸福将属于千百万人，我们的事业将悄无声息地存在下去，但是它会永远发挥作用，而面对我们的骨灰，高尚的人们将洒下热泪。"①有人质疑这不过是马克思在唱高调而已，但他却最终用一生把高调诠释成高尚。马克思的一生没有光鲜的职业，饱尝颠沛流离的艰辛、贫病交加的煎熬，但他从没有停止对真理的探索，毅然选择了"最能为人类福利而劳动的职业"，犹如普罗米修斯不畏宙斯的暴戾而从天庭盗取火种以照亮人间，他把全部的生命和精力都献给了世界上最壮丽的事业——为人类的解放事业而奋斗，直至生命的尽头。

马克思的一生，是不畏艰难险阻、为追求真理而勇攀思想高峰的一生，他向人类绽放了思想之花，引领人们由黑暗走向光明。马克思曾写道："在科学上没有平坦的大道，只有不畏劳苦沿着陡峭山路攀登的人，才有希望达到光辉的顶点。"为了进行创作，建立科学的理

①　《马克思恩格斯全集》第1卷，北京：人民出版社1995年版，第459—460页。

论体系，马克思博览群书，广泛涉猎，经常高强度工作，每天工作时间达到16个小时，付出了常人难以想象的艰辛。他创作劳累时，在室内来回走动就算是休息，以至于在门与窗之间的地毯上踏出了一条痕迹，就像穿过草地的一条小路一样。功夫不负苦心人，马克思的思想最终达到了光辉的顶点。至此，他能批得了康德、费希特，越得过黑格尔的辩证法，他还能有自己的伟大发现——"剩余价值"和"唯物史观"。也正如恩格斯所说："马克思在他所研究的每一个领域，甚至在数学领域，都有独到的发现，这样的领域是很多的，而且其中任何一个领域他都不是浅尝辄止。"即使在多病的晚年，马克思仍然笔耕不辍，写下了数量庞大的学科笔记。

马克思的一生，是为推翻旧世界、建立新世界而不息战斗的一生，他为人类描绘了一个崭新的世界。大学毕业后，马克思就投入到与反动政府的火热斗争中，为受压迫、受剥削的人民奔走呼号。在马克思看来，要想取得最终的胜利，必须对现存的一切进行无情的批判。面对反动的统治阶级，马克思始终坚持"横眉冷对千夫指"的态度；面对各种错误思潮的传播，马克思始终坚持进行坚决彻底的斗争；而面对各国工人运动的开展，马克思始终充满热情，站在革命斗争的最前沿。就像恩格斯所说"马克思首先是一个革命家"，"斗争是他的生命要素。很少有人像他那样满腔热情、坚韧不拔和卓有成效地进行斗争"。马克思毕生的使命就是为人类解放而奋斗，他用一生的时间践行了"哲学家们只是用不同的方式解释世界，而问题在于改变世界"。

马克思是顶天立地的伟人，同时也是一个有血有肉的常人，他像我们普通人一样需要友情和爱情。马克思虽一生贫穷困顿，友情上却绝对富足。威廉·沃尔弗立下遗嘱将一生积蓄全部相赠；恩格斯更是情义无双，省吃俭用资助马克思进行研究，而二人长达40年的友谊也一直被传为美谈。马克思和妻子燕妮亦是患难与共，他们不仅是生活伴侣，更是革命战友，共同谱写了理想与爱情的命运交响曲。他们完美诠释了"最好的爱情，既不是物质上

图11 伟大的友谊

的门当户对，也不是霸道总裁爱上傻白甜，而是精神契合、三观一致的精神上的势均力敌"。

"有的人死了，他还活着"，马克思虽然离我们远去，但是马克思的精神与思想不仅没有被时间的巨磨碾去，反而在大浪淘沙之中更加熠熠生辉。他是人间的"普罗米修斯"，为人类的解放提供了思想的火种，而自己却需要和爱人、战友承受无穷的苦难，就如同普罗米修斯为人类盗取火种后，独自承受悬崖边秃鹫的啄肝之痛。是马克思从根本上解放了人类的精神，让人类看到共产主义的光明未来。让我们回到马克思，做一个理想的人，做一个超越的人，做一个不懈奋斗的人，如同"盗火者"普罗米修斯一样，在心中燃一团永不熄灭的真理之火、信仰之火。

图12　马克思

马克思为什么靠谱

世界风云变幻，从1818年到2020年，两个世纪过去了，马克思依旧生机勃发地活着，活在中国及至世界"八零后""九零后"中间；从《共产党宣言》到《十九大报告》，马克思主义经历被歪曲、质疑到如今的坚定不移，已然成为无产阶级的行动纲领。回望1818年，思想觉醒、工人运动轰轰烈烈。感叹当下，国家的崛起奋进、政党的初心不改，马克思主义永葆青春，焕发着经久不衰的活力，不得不令人感叹：马克思靠谱！

习近平总书记的《在纪念马克思诞辰200周年大会上的讲话》中，用"三个一生"生动形象地诠释了马

克思为什么靠谱:

——马克思的一生,是胸怀崇高理想、为人类解放不懈奋斗的一生。1835 年,17 岁的马克思在他的高中毕业作文《青年在选择职业时的考虑》中这样写道:"如果我们选择了最能为人类而工作的职业,那么,重担就不能把我们压倒,因为这是为大家做出的牺牲;那时我们所享受的就不是可怜的、有限的、自私的乐趣,我们的幸福将属于千百万人,我们的事业将悄然无声地存在下去,但是它会永远发挥作用,而面对我们的骨灰,高尚的人们将洒下热泪。"马克思一生饱尝颠沛流离的艰辛、贫病交加的煎熬,但他初心不改、矢志不渝,为人类解放的崇高理想而不懈奋斗,成就了伟大人生。

——马克思的一生,是不畏艰难险阻、为追求真理而勇攀思想高峰的一生。马克思曾经写道:"在科学上没有平坦的大道,只有不畏劳苦沿着陡峭山路攀登的人,才有希望达到光辉的顶点。"马克思为创立科学理论体系,付出了常人难以想象的艰辛，最终达到了光辉的顶点。他博览群书、广泛涉猎，不仅深入了解和研究哲学社会科学各个学科知识，而且深入了解和研究各种自然科学知识，努力从人类创造的一切文明成果中汲取养料。马克思毕生忘我工作，经常每天工作16个小时。马克思在给友人的信中谈到，为了《资本论》的写作，"我一直在坟墓的边缘徘徊。因此，我不得不利用我还能工作的每时每刻来完成我的著作"。即使在多病的晚年，马克思仍然不断迈向新的科学领域和目标，写下了数量庞大的历史学、人类学、数学等学科笔记。正如恩格斯所说："马克思在他所研究的每一个领域，甚至在数学领域，都有独到的发现，这样的领域是很多的，而且其中任何一个领域他都不是浅尝辄止。"

——马克思的一生，是为推翻旧世界、建立新世界而不息战斗的一生。恩格斯说，"马克思首先是一个革命家"，"斗争是他的生命要素。很少有人像他那样满腔热情、坚韧不拔和卓有成效地进行斗争"。马克思毕生的使命就是为人民解放而奋斗。为了改变人民受剥削、受压迫的命运，马克思义无反顾投身轰轰烈烈的工人运动，始终站在革命斗争最前沿。他领导创建了世界上第一个无产阶级政党——共产主义者同盟，领导了世界上第一个国际工人组织——国际工人协会，热情支持世界上第一次工人阶级夺取政权的革命——巴黎公社革命，满腔热情、百折不挠推动各国工人运动发展。

马克思是一个革命家，革命是其生命的全部要素。他毕生的初心和使命，就是参加推翻资本主义及其所建立的资本主义国家的事业。参加无产阶级的解放事业，正是他第一次使无产阶级意识到自身的地位和需要，意识到自身解放的条件。在17岁的花样年华，马克思立志"如果我们选择了最能为人类而工作的职业，那么，重担就不能把我们压倒"。中学毕业后，马克思初心不改，从波恩大学转到学风严谨的柏林大学，完成了从"学渣"到"学霸"的华丽转变。在30岁而立之年，马克思发出呐喊："让统治阶级在共产主义革命面前发抖吧。无产者在这个革命中失去的只是锁链，他们获得的将是整个世界。全世界无产者联合起来！"

马克思在《莱茵报》工作期间，始终坚持为无产阶级发声的办报原则。在这里他写了许多抨击时事的文章，揭露了社会的黑暗与丑陋，反映了普鲁士政府对人民的剥削和压迫。正因为马克思是为人类解放而奋斗的革命家，因而遭受到来自各国政府的驱逐令和资产者的诽谤与咒骂。自1843年马克思被迫卸任《莱茵报》主编之后，他便选择了一条长达40年的流亡之路。在流亡途中，马克思也不忘初心，始终为信仰奋斗着，从最早的《莱茵报》、巴黎的《前进报》《德意志—布鲁塞尔报》《新莱茵报》《纽约每日论坛报》等，到恩格斯在巴黎、布鲁塞尔和伦敦各组织中的工作，以及创立的国际工人协会，都有他的心血，而这仅仅是马克思丰功伟绩的一部分。即便是在晚年，马克思仍密切关注着世界发展新趋势和工人运动新情况，努力从更宏大的视野思考人类社会的发展问题。

然而，流亡之路的艰辛可想而知。颠沛流离的生活、艰苦黑暗的环境、夜以继日的写作，让马克思的

身体不堪重负，在晚年甚至还患上了化脓性汗腺炎和
胸膜硬化，而胸膜硬化使马克思咳嗽不止。恩格斯曾
说，马克思的咳嗽严重到他一咳嗽就感觉胸腔要炸开
的程度。生活的困境和疾病的折磨让马克思痛苦不
已，他在给恩格斯的信中说，即便是他最为痛恨的敌
人，也不会希望人家落到如他一般的痛苦境地。不幸

图13　讨论中的马克思与恩格斯

的是，马克思于1883年永远地闭上了眼睛。恩格斯在《在马克思墓前的讲话》中这样讲道："3月14日下午两点三刻，当代最伟大的思想家停止思想了。让他一个人留在房里还不到两分钟，当我们进去的时候，便发现他在安乐椅上安静地睡着了——但已经永远地睡着了。这个人的逝世，对于欧美战斗的无产阶级，对于历史科学，都是不可估量的损失。这位巨人逝世以后所形成的空白，不久就会使人感觉到。"

马克思一生中最重大的两个发现即唯物史观和剩余价值学说。唯物史观揭示了人类历史的发展规律，剩余价值学说揭开资本主义的神秘面纱，展示了现代资本主义生产方式和它所产生的资产阶级社会的特殊运动规律。他的发现为千千万万的工人指明了前进的方向。恩格斯曾说："现在他逝世了，在整个欧洲和美洲，从西伯利亚矿井到加利福尼亚，千百万革命战友无不对他表示尊敬、爱戴和悼念，而我敢大胆地说：他可能有过许多敌人，但未必有一个私敌。他的英名和事业将永垂不朽！"

马克思主义不是书斋里的学问，其思想如剑般锋利，往往可以直指敌人的要害。但马克思并非是天生的唯物主义者，其思想的形成受到多种因素的影响，他是在不断地学习、实践和自我批评中逐渐发展出自己的思想，最终为人类认识世界、改造世界提供了强大精神力量，被后人评为影响世界进程的"千年伟大思想家"。这就是马克思为什么靠谱！

是的，两百年前思想的觉醒，为在风雨飘摇中的中国带来了实现民族解放和国家独立的希望。一个马克思主义政党——中国共产党带领着中华民族实现从站起来、富起来到强起来的伟大飞跃。从两百年前的马克思主义到两百年后的习近平新时代中国特色社会主义思想，从思想的火种成为行动的火焰，马克思主义将带领着中国乃至世界的人们大踏步走向共产主义。

图14　马克思画像

马克思如是说

知识观

1. 与其用华丽的外衣装饰自己,不如用知识武装自己。

2. 任何时候,我也不会满足,越是多读书,就越是深刻地感到不满足,越感到自己知识贫乏。

3. 科学绝不是一种自私自利的享乐。有幸能够致力于科学研究的人,首先应该拿自己的学识为人类服务。

4. 不学无术,在任何时候,对任何人,都无所帮助,也不会带来利益。

5. 万事开头难,每门科学都是如此。

6. 人的价值蕴藏在人的才能之中。

7. 书是我的奴隶，应该服从我的意志，供我使用。（马克思认为，人类的一切知识应当造福于全人类。读书、学习是人类获得知识的重要途径，"爱智慧"的人生是美好的人生。）

价值观

1. 一个人应该：活泼而守纪律，天真而不幼稚，勇敢而不鲁莽，倔强而有原则，热情而不冲动，乐观而不盲目。

2. 良心是由人的知识和全部生活方式来决定的。

3. 愚蠢庸俗、斤斤计较、贪图私利的人总是看到自以为吃亏的事情。

4. 用不正当手段达到的目的，不是正当的目的。

5. 历史把那些为了广大的目标而工作，因而使自己变得高尚的人看作是伟大的人；经验则把使大多数人幸福的人称赞为最幸福的人。

6. 你们赞美大自然令人赏心悦目的千姿百态和无

穷无尽的丰富宝藏，你们并不要求玫瑰花散发出和紫罗兰一样的芳香，但你们为什么却要求世界上最丰富的东西——精神只能有一种存在形式呢？我是一个幽默的人，可是法律却命令我用严肃的笔调。我是一个豪放不羁的人，可是法律却指定我用谦逊的风格。一片灰色就是这种自由所许可的唯一色彩。每一滴露水在太阳的照耀下都闪烁着无穷无尽的色彩。……精神的实质始终就是真理本身，而你们要把什么东西变成精神的实质呢？谦逊。（马克思追求的精神生活是丰富多彩的，马克思认定的人生价值是崇高而伟大的。世界上没有两片完全相同的树叶，不同的生命自然无法比较。但是如果我们寻找一种被古今先贤们公认的尺度去衡量人生的价值，那就是为世界上大多数的幸福而努力工作、奉献自己的才华、汗水、劳动。马克思如是说，歌德、毛泽东、爱因斯坦也曾如是说。）

奋斗观

1. 生活就像海洋，只有意志坚强的人，才能到达彼岸。

2. 后悔过去，不如奋斗将来。（时代需要奋斗者，奋斗才能成就追梦人生。）

3. 人要学会走路，也要学会摔跤。而且只有经过摔跤，才能学会走路。（马克思的一生基本就是在摔跤和磨难中走过的，所以他能总结出这样深刻的思想。）

4. 青春的光辉，理想的钥匙，生命的意义，乃至人类的生存、发展，全包含在这两个字之中：奋斗！只有奋斗，才能治愈过去的创伤；只有奋斗，才是我们民族的希望和光明所在。（活着就应该奋斗，这句话完全正确，因为不奋斗，人会面临空虚，更会感到死亡的威胁。——马克思的奋斗幸福观）

5. 人们奋斗所争取的一切，都同他们的利益有关。

6. 自暴自弃，这是一条永远腐蚀和啃噬着心灵的毒蛇，它吸走心灵的新鲜血液，并在其中注入厌世和绝望的毒汁。

7. 在科学上面是没有平坦的大路可走的，只有在那崎岖的小路上不畏艰险奋勇攀登的人，才有希望达到光辉的顶点。（马克思一生历经磨难、贫病交加、颠沛流离，但是他从未沉沦，从未放弃与"共产主义幽灵"共舞的历史使命与担当。为了"盗取"真理的天火，解放全人类，这位"千年第一思想家"可谓战斗到了最后一刻。奋斗是青春最美的姿态，奋斗成就出彩的人生。）

友情观

1. 友谊总需要用忠诚去播种，用热情去灌溉，用原则去培养，用谅解去护理。（现实当中，像马克思和恩格斯那样的友谊真的是少之又少，尤其是经济飞速发展、物欲横流的今天，太多人为了心中欲望和眼前小利而放弃了美好的友谊。）

2. 友谊之舟在生活的海洋中行驶是不可能一帆风顺的，有时会碰到乌云和风暴，在这种情况下，友谊应该受到这种或那种考验，在这些乌云和风暴后，那么友谊就会更加巩固，真正的友谊在任何情况下都会放射出新的光芒。

3. 真诚的、十分理智的友谊是人生的无价之宝。你能否对你的朋友守信不渝，永远做一个无愧于他的人，这就是你的灵魂、性格、心理以至于道德的最好的考验。（想赢得恩格斯那样伟大的朋友，就要有马克思这样的赤诚之心。）

4. 友谊像清晨的雾一样纯洁，奉承并不能得到友谊，友谊只能用忠实去巩固它。（益友有三，友直、友谅、友多闻。能够得遇知己、同志、战友——恩格斯，是马克思一生秉承的交友之道的最好回报。）

爱情观

1. 在我看来，真正的爱情是表现在恋人对他的偶像采取含蓄、谦恭甚至羞涩的态度，而绝不是表现在随意流露的热情和过早的亲昵。——《致燕妮》

2. 世间有许多女人，而且有些非常美丽。但是哪里还能找到一副容颜，它的每一个线条，甚至每一处皱纹，能引起我的生命中的最强烈而美好的回忆？——《致燕妮》（伟大的人格和广博的思想，必然造就伟大的爱情。马克思的情感体验和他的理论一样，非凡、超群、卓越。）

3. 要想美好地度过一生，就只有两个人结合，因为半个球是无法滚动的。所以每个成年人的重要任务就是找到和自己相配的另一半。

4. 没有爱情的婚姻是不道德的婚姻，仅有爱情的婚姻是不现实的婚姻。

5. 爱情，不是对费尔巴哈的"人"的爱，不是对摩莱肖特的"物质交换"的爱，不是对无产阶级的爱，而是对亲爱的即对你的爱，使一个人成为真正意义上的人。

6. 燕妮，任它物换星移，天旋地转，你永远是我心中的蓝天和太阳，任世人怀着敌意对我诽谤中伤，燕妮，只要你属于我，我终将使他们成为败将。爱情是铭心刻骨的思念，而痛苦只是转瞬即逝的云烟。（爱情是人生道路上最美丽的花朵。马克思爱得热烈而深沉，马克思对爱情的思考又超越了爱情本身。）

择业观

1. 如果我们选择了最能为人类幸福而劳动的职

业，那么，重担就不能把我们压倒，因为这是为人类而献身。那时，我们所感到的就不是可怜的、有限的、自私的乐趣，我们的幸福将属于千百万人。我们的事业并不显赫一时，但将永远存在。面对我们的骨灰，高尚的人们将洒下热泪。——《青年在选择职业时的考虑》

2. 人只有为自己同时代人的完善，为他们的幸福而工作，他才能达到自身的完美。

3. 被名利迷住了心窍的人，理性是无法加以约束的，于是他一头栽进那不可抗拒的欲念召唤他去的地方；他的职业已不再是由他自己选择，而是由偶然机会和假象去决定了。

4. 在选择职业时，我们应该遵循的主要指针是人类的幸福和我们自身的完美。（对青年人最有价值的忠告之一。）

5. 如果人只是为了自己而劳动，他也许能成为有名的学者、绝顶的聪明人、出色的诗人，但他绝不可能成为真正的完人和伟人。（周恩来总理当年选择为"中华崛起而读书"，毛泽东主席要求全党坚守"为人民服务"的宗旨，习近平总书记向世人坦陈"我将无我，不负人民"的情怀……对于普通人而言，无论选择什么样的职业，只要能做到尽己所能，有所作为，勇于担当，便不负时代、不负韶华。）

实践观

1. 一步实际运动比一打纲领更重要。（这句话强调了实践的重要性。）

2. 人的思维是否具有客观的真理性，这并不是一个理论的问题，而是一个实践的问题。

3. 哲学家们只是用不同的方式解释世界，而问题在于改变世界。（马克思主义哲学强调实践性。哲学的力量、思想的伟大，正在于改变世界。）

4. 理论只要说服人，就能掌握群众，而理论只要彻底，就能说服人。

5. 劳动创造世界。

6. 生产劳动和教育的早期结合是改造现代社会的最强有力的手段之一。（知行合一，实践是检验真理的唯一标准。）

时间观

1. 任何节约归根结底是时间的节约。

2. 时间就是能力等待发展的地盘。

3. 时间是人类发展的空间。（珍惜时间就是延长生命，善于掌握时间就能提升生命。）

资本论专题

1. 经济基础决定上层建筑。——《资本论》（至今为止，依然是经济学和思想界中的伟大发现之一。）

2. 美德，女性特有的美德，反而害了她们自己，她们温柔恭顺的天性，竟成为使她们受奴役和苦难的手段。——《资本论》（马克思对女性解放的独特见解。）

3. 任何一种资本主义生产方式在这一点上是共同的，那就是不是工人使用劳动工具，而是劳动工具使用人。（资本主义生产方式的"异化"，在资本主义社会，资本使工人成为现代工业社会的"奴隶"。）

4. 生产的不断变革，一切社会状况不停地动荡，永远的不安定和变动，这就是资产阶级时代不同于过去一切时代的地方。（资本为了逐利需要全球流动，资本主义的发展开启了经济的"全球化"。）

5. 金银天然不是货币，但货币天然是金银。（金银所特有的属性决定了它是商业流通中充当一般等价物的最佳选择。）

6. 作为资本家，他只是人格化的资本。他的灵魂就是资本的灵魂。而资本只有一种生活本能，这就是增殖自身，获取剩余价值，用自己的不变部分即生产资料吮吸尽可能多的剩余劳动。资本是死劳动，它像吸血鬼一样，只有吮吸活劳动才有生命，吮吸的活劳动越多，它的生命就越旺盛。工人劳动的时间就是资本家消费他所购买的劳动力的时间。（资本的本质就是要实现增殖，而资本要实现增值就必须要剥削工人。）

7. 由于资本的社会力量，资本家可以玩弄各种所谓"民主、自由"的把戏，看不穿这种把戏，倒也罢了，但起劲为这种种把戏鼓吹，则要么是资本家的走狗，要么就是白痴。（揭示了资本主义民主的真面目，资本主义的民主实际上是资本玩弄的金钱游戏。)

8. 价值是不差别的人类劳动力，是使用价值的内容，而使用价值只能算是外部体现，或是只充当销售手段。（凝结在商品中的价值其本质是抽象的一般的人类劳动。）

9. 平等地剥削劳动力，是资本的首要的人权。（再次揭示了资本主义社会"自由、平等"的伪善性。对劳动者而言，不出卖劳动力就无法生存。所以资本家的人权是平等地去剥削，工人是平等地被剥削。）

10. 资本来到世间，从头到脚，每个毛孔都滴着血和肮脏的东西。（广为传诵的经典名句揭示了资本主义原始积累过程中的血腥和罪恶。）

11. 资本主义私有制是少数掠夺者剥夺人民群众，而社会主义公有制是人民群众剥夺少数掠夺者。（这是社会主义制度与资本主义制度相比较而言最显著的优势。）

12. 资本家害怕没有利润或利润太少，就像自然界害怕真空一样。一旦有适当的利润，资本就胆大起来。如果有10%的利润，它就保证到处被使用；有20%的利润，它就活跃起来；有50%的利润，它就铤而走险；为了100%的利润，它就敢践踏一切人间法律；有300%的利润，它就敢犯任何罪行，甚至冒绞首的危险。如果动乱和纷争能带来利润，它就会鼓励动乱和纷争。（资本的本性决定了其不择手段追逐利润，也正因为如此导致了资本主义社会的种种罪恶。）

13. 任何的科学批评的意见我都是欢迎的。而对于我从来就不让步的所谓舆论的偏见，我仍然遵守伟大的佛罗伦萨诗人的格言：走你的路，让人们去说吧！（马克思借用伟大诗人但丁的名言来宣示他对真理的坚守。）

14. 我的辩证方法，从根本上来说，不仅和黑格尔的辩证方法不同，而且和它截然相反。在黑格尔看来，思维过程，即他称为观念而甚至把它变成独立主体的思维过程，是现实事物的创造主，而现实事物只是思维过程的外部表现。我的看法则相反，观念的东西不外是移入人的头脑并在人的头脑中改造过的物质的东西而已。（马克思的辩证唯物主义和历史唯物主义是对黑格尔辩证法的超越，马克思批判了黑格尔"头足倒置"的辩证法，指出在物质与意识的关系中，是物质决定意识，而非意识决定物质。）

人的本质专题

1. 人类源于动物界这一事实决定着人类永远也摆脱不了兽性。（人的自然属性是人性的基础，人的社会属性是人的本质属性。）

2. 我是个人，凡是合乎人性的东西，我都觉得亲切。（从这点可以看出，马克思是一位以人为本的倡导者。）

3. 人的本质并不是单个人所固有的抽象物。在其现实性上，它是一切社会关系的总和。（马克思对人的本质做了深刻的揭示，人的本质不是抽象的，要从现实世界去认识。）

4. 没有义务的地方，就没有权利。（权利与义务是一个硬币的两面。）

5. 最好是把真理比作燧石——它受到的敲打越厉害，发射出的光辉就越灿烂。（真理要在实践中被检验，而真理从不怕被检验。）

哲学专题

1. 最精致、最珍贵和看不见的精髓都集中在哲学思想里。——《第179号"科伦日报"社论》（充分肯定了哲学对人的思想和行为的指导作用，所以，这正应了中国哲学家冯友兰的那句话：人可以不是宗教的，但一定要是哲学的。）

2. 哲学不是叫人信仰它的结论，而是要你思考。（马克思主义理论是科学，它的精髓在于科学思维。）

3. 思考是一切。（人只不过是一根芦苇，是自然界最脆弱的东西；但他是一根能思想的芦苇。——帕斯卡尔）

4. 人们自己创造自己的历史，但是他们并不是随心所欲地创造，并不是在他们自己选定的条件下创造，而是在直接碰到的、既定的、从过去承继下来的条件下创造。（创造历史，但不能割断传统。）

文艺理论专题

1. 如果你想得到艺术的享受，那你就必须是一个有艺术修养的人。（很显然，马克思对艺术也有自己独特的看法。）

2. 欣赏音乐，需要有辨别音律的耳朵，对于不辨音律的耳朵来说，最美的音乐也毫无意义。（美育的意义，正是如此。）

3. 社会的进步就是人类对美的追求的结晶。（人类对美的追求是衡量人类进步的一种尺度，也是推动社会进步的力量。）

第二章

永远的宣言　不变的初心

　　《共产党宣言》是共产党的第一部纲领性文件，是马克思主义诞生的标志，是涵养共产党人不变的初心的红色经典。一百七十多年过去了，这本改变了世界的书，依然散发出真理的光辉。

《共产党宣言》是一本怎样的书

图15 各个版本的《共产党宣言》

经典是什么？是人类精神的金字塔的塔尖，是照亮那个时代的曙光，是文明宝库中的瑰宝，是一本永远也读不完的书。而《共产党宣言》正是经典中的经典。要想读懂这部伟大的经典，必须回到经典产生的那个时代。

这是一个最好的时代，也是一个最坏的时代；这是明智的年代，也是愚昧的年代；这是信任的时期，也是怀疑的时期；这是光明的季节，也是黑暗的季节；这是希望之春，也是失望之冬；我们面前应有尽有，我们面前一无所有；我们正踏上天堂之路，我们正走向地狱之门。

19世纪伟大的英国作家狄更斯在《双城记》的开篇，用精练、传神的语言描述了那样的一个时代——19世纪四五十年代，《共产党宣言》诞生的时代。

让我们梳理一下那个时代发生的几个重大事件。当时英国、法国、德国等西欧土地上的重要国家先后经历了工业革命的洗礼，资本主义的生产方式在这些国家逐渐占据了统治地位。宁静的"田园诗"般的乡村，被烟尘弥漫的"雾都"取代。"魔法般"呼唤出的财富像汹涌的巨浪一般，将一个新兴的阶级——资产阶级，推向"天堂"；而残酷无情的剥削，像飓风一样把另一个赤贫的阶级——无产阶级卷入无底深渊。

尖锐的社会矛盾像地下火山般，正在积累"毁天灭地"的革命力量。19世纪三四十年代，无产阶级已经从早期自发地反对个别企业主、破坏机器的斗争发展成有组织的、大规模的政治斗争。1831年11月和1834年4月，在法国里昂爆发了大规模的工人起义。1836年至1848年，英国工人掀起了宪章运动。1844年6月德国爆发了西里西亚纺织工人起义。

西里西亚的纺织工人

〔德国〕海　涅

忧郁的眼里没有眼泪，

他们坐在织机旁，咬牙切齿：

德意志，我们在织你的尸布，

我们织进去三重的诅咒——

我们织，我们织！

一重诅咒给那个上帝，
饥寒交迫时我们向他求祈，
我们希望和期待都是徒然，
他对我们只是愚弄和欺骗——
我们织，我们织！

一重诅咒给阔人们的国王，
我们的苦难不能感动他的心肠，
他榨取我们最后一个钱币，
还把我们像狗一样枪毙——
我们织，我们织！

一重诅咒给虚假的祖国，
这里只繁荣着耻辱和罪恶，
这里花朵未开就遭到摧折，
腐尸和粪土养着蛆虫生活——
我们织，我们织！

> 梭子在飞，织机在响，
>
> 我们织布，日夜匆忙——
>
> 老德意志，我们在织你的尸布，
>
> 我们织进去三重诅咒，
>
> 我们织，我们织！

这首诗歌是海涅为声援1844年德国西里西亚纺织工人起义而作，是海涅政治抒情诗中最为著名的一首。轰响的织机，翻飞的梭子构成一组激昂的乐章，和着工人们愤怒的诅咒。首先诅咒的是上帝，上帝是宗教的象征，宗教作为旧世界的精神支柱，对工人阶级充满了欺骗性，当他们饥寒交迫时，虔诚的祈祷换来的却是愚弄和欺骗。其次诅咒"阔人们的国王"，以国王为代表的统治阶级，对于底层的穷苦百姓，非但不能给予保护，为他们谋求福利，还榨干了他们最后的血汗。深刻揭露了统治阶级和劳动人民之间不可调和的阶级矛盾。最后诅咒的是"虚假的祖国"。祖国原本是一个温暖的字眼，但是在那个黑暗年代，"祖国"背后是残暴的国家机器和腐朽的社会制度，对于工人阶级和劳动人民而言，"祖国"只是统治阶级维护其统治的暴力机器，这句诗如平地惊雷，写出了觉醒的工人阶级对旧世界的愤恨和他们不屈的斗争意志。恩格斯读过这首诗后极为欣赏，亲自译成英文发表，并且认为这是他所知道的最有力的诗篇。它被誉为"德国工人阶级的《马赛曲》"。

这些工人起义和工人运动，开启了无产阶级反对资产阶级斗争的新纪元，标志着无产阶级带着自己的政治诉求昂扬地登上政治舞台。随着无产阶级和资产阶级矛盾的尖锐化，欧洲工人运动的蓬勃发展，工人组织也陆续建立起来。1840年，英国成立了宪章派全国协会，称为宪章党。这是近代欧洲最早的工人政党。在德国也出现了早期的工人组织，1834年巴黎成立了德国流亡者第一个秘密组织"正义者同盟"。1837年布朗基领导成立"四季社"，并在巴黎发动了起义，但是起义失败了。"正义者同盟"因为参加起义，遭到了反动势力的迫害和绞杀，不得不从法国转向英国。1840年英国伦敦重建了"正义者同盟"，并且在西欧多国建立了分支机构，之后"正义者同盟"发展成为国际工人组织。

"正义者同盟"创立之初，它的组织内部流行的是

图16　北京大学馆藏的11种《共产党宣言》

"魏特林主义""蒲鲁东主义"等错误思潮。1846年，马克思、恩格斯建立了"共产主义通讯委员会"，目的是为了团结和联合各国共产主义者。而"正义者同盟"作为有影响力的国际组织，受到马克思、恩格斯的重视，用科学主义去改造"正义者同盟"是当时马克思和恩格斯着手进行的重要工作。他们的改造初见成效，1847年，马克思、恩格斯受邀加入同盟，并将其改名为"共产主义者同盟"。"全世界无产者联合起来"的口号取代了"四海之内皆兄弟"，就如一道春雷划破历史的天空。

1847年11月29日至12月8日，"共产主义者同盟"在伦敦召开了第二次代表大会。马克思、恩格斯参加了会议，并接受委托起草同盟正式的纲领，这个纲领就是《共产党宣言》。"共产主义者同盟"是世界上第一个共产党组织，《共产党宣言》是共产党第一个"周详的理论和实践的党纲"。1848年2月，《共产党宣言》在伦敦公开发表，标志着马克思主义的诞生。

《共产党宣言》短小精悍，译成中文不到2万字，却影响深远。自它发表以来，"除了基督教的圣经"以外，关于现实世界的著作中，《共产党宣言》是发行量最大，版本、印数最多，传播范围最广的小册子。它像一把手术刀，深刻而精准地解剖了旧制度、旧世界；它像一只报春鸟，预言了被压迫者的春天，唱响了新世纪的赞歌。

正是这本篇幅短小、初次印刷仅仅几百本的小册子，改写了人类历史。

经典精读

　　每一个历史时代的经济生产以及必然由此产生的社会结构，是该时代政治的和精神的历史基础；因此（从原始土地公有制解体以来）全部历史都是阶级斗争的历史，即社会发展各个阶段上被剥削阶级和剥削阶级之间，被统治阶级和统治阶级之间斗争的历史；而这个斗争现在已经达到这样一个阶段：即被剥削被压迫的阶级（无产阶级）如果不同时使整个社会永远摆脱剥削、压迫和阶级斗争，就不再能使自己从剥削它压迫它的那个阶级（资产阶级）下解放出来。

这是贯穿《共产党宣言》的基本思想，可以把它简单概括为社会基本矛盾的原理。恩格斯在1883年德文版序言中就明确指出，在1888年的英文版序言中他又重申了一次，所以这一基本思想像红线一样贯穿整个序言。它核心的意思有三层：第一，唯物史观的核心即社会基本矛盾原理，这个原理就是生产力决定生产关系，生产关系反作用于生产力，经济基础决定上层建筑，上层建筑反作用于经济基础的原理；第二，运用这一原理可以考察整个人类社会的发展；第三，对于资产阶级和无产阶级的斗争而言，资产阶级在历史上虽然曾经发挥过积极作用，但是它自身

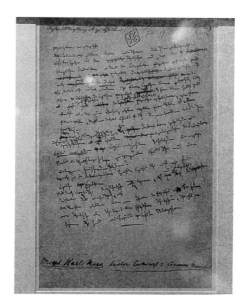

图17　现存唯一的一页《共产党宣言》手稿

95

有着难以克服的内在矛盾也就是经济危机，危机表明了资本主义私有制生产关系已经不适应生产力的发展，资本主义私有制必然灭亡。同时，资产阶级对无产阶级的残酷剥削和压迫激发了激烈的阶级对抗。在这一过程中无产阶级必将埋葬资本主义制度，解放全人类，同时也实现自身的解放。可以说社会基本矛盾原理就像一把锋利的解剖刀，深刻地为我们解剖了人类社会发展的历史，从而科学地揭示了人类未来的命运。

一个幽灵，共产主义的幽灵，在欧洲游荡。为了对这个幽灵进行神圣的围剿，旧欧洲的一切势力，教皇和沙皇、梅特涅和基佐、法国的激进派和德国的警察，都联合起来了。

这是《共产党宣言》引言开篇，这段石破天惊的文字广为流传。为什么要用邪恶、恐怖的幽灵来比喻共产主义呢？这是马克思、恩格斯惯用的"反讽"手法，它借用了当时关于欧洲反动势力的说法。在他们看来，共产主义要消灭私有制、消灭剥削，当然会危及反动势力的统治，损害他们的根本利益，当然就如恐怖的、邪恶的幽灵。所以对于"旧欧洲的一切势力"，"妖魔化"共产主义，并进行无情地围剿是符合其根本利益的，但是对于人民大众而言，反动势力和一切剥削者、压迫者才是真正的幽灵。

　　但是，我们的时代，资产阶级时代，却有一个特点：它使阶级对立简单化了。整个社会日益分裂为两大敌对的阵营，分裂为两大相互直接对立的阶级：资产阶级和无产阶级。

　　……

　　资产阶级在历史上曾经起过非常革命的作用。

　　资产阶级在它已经取得了统治的地方把一切封建的、宗法的和田园诗般的关系都破坏了。

　　……

　　资产阶级除非对生产工具，从而对生产关系，从而对全部社会关系不断地进行革命，否则就不能生存下去。

　　……

不断扩大产品销路的需要，驱使资产阶级奔走于全球各地，它必须到处落户，到处开发，到处建立联系。

资产阶级，由于开拓了世界市场，使一切国家的生产和消费都成为世界性的了。

……

资产阶级，由于一切生产工具的迅速改进，由于交通的极其便利，把一切民族甚至最野蛮的民族都卷到文明中来了。它的商品的低廉价格，是它用来摧毁一切万里长城、征服野蛮人最顽强的仇外心理的重炮。

……

资产阶级在它的不到一百年的阶级统治中所创造的生产力，比过去一切世代创造的全部生产力还要多，还要大。自然力的征服，机器的采用，化学在工业和农业中的应用，轮船的行驶，铁路的通行，电报的使用，整个大陆的开垦，河川的通航，仿佛用法术从地下呼唤出来的大量人口——过去哪一个世纪料想到在社会劳动里蕴藏有这样的生产力呢？

......

资产阶级的生产关系和交换关系，资产阶级的所有制关系，这个曾经仿佛用法术创造了如此庞大的生产资料和交换手段的现代资产阶级社会，现在像一个魔法师一样不能再支配自己用法术呼唤出来的魔鬼了。

......

资产阶级用来推翻封建制度的武器，现在却对准资产阶级自己了。

但是，资产阶级不仅锻造了置自身于死地的武器；它还产生了将要运用这种武器的人——现代的工人，即无产者。

......

过去一切阶级在争得统治之后，总是使整个社会服从于它们发财致富的条件，企图以此来巩固它们已经获得的生活地位。无产者只有废除自己的现存的占有方式，从而废除全部现存的占有方式，才能取得社会生产力。无产者没有什么自己的东西必须加以保护，他们必须摧毁至今保护和保障私有财产的一切。

过去的一切运动都是少数人的，或者为少数人谋利益的运动。无产阶级的运动是绝大多数人的，为绝大多数人谋利益的独立的运动。

……

随着大工业的发展，资产阶级赖以生产和占有产品的基础本身也就从它的脚下被挖掉了。它首先生产的是它自身的掘墓人。资产阶级的灭亡和无产阶级的胜利是同样不可避免的。

资产者和无产者是《共产党宣言》第一章的内容。《共产党宣言》主张推翻资产阶级，实现无产阶级的解放，这就需要阐述清楚，这两个阶级是如何产生的，他们的历史地位如何，历史命运如何。资产阶级是指占有生产资料并使用雇佣劳动的现代资本家阶级。无产阶级是指没有自己的生产资料，因而不得不出卖劳动力来维持生活的雇佣工人阶级。资产阶级和无产阶级"本是同根生，却是死对头"。19世纪中期，资本主义社会形成了这种两大阶级对立的格局，是因为随着资本主义大工业的不断发展，小手工业者、小自耕农等旧式的社会中间阶层在残酷的竞争中，无法与资产阶级抗争，逐渐破产，从而加入到无产阶级的大军中。只有极少数人在竞争中胜出，发财致富进而成为新兴资本家。大工业的发展，促使社会不断地重新洗牌，整个社会就这样被重塑。两个互相斗争、互相对立的阶级，在"旧世界的母胎"中被孕育成熟，所以虽然同根生，却如水火般不相容。

对资产阶级进行全面、客观的评价与分析，才能对其盖棺定论，所以《共产党宣言》首先肯定了资产阶级的历史作用。这些作用表现为：打破封建等级制度和人身依附关系；技术的采用极大地促进了生产力的发展；为了追逐利润，积极拓展世界市场，重新塑造了现代世界。但是对于资产阶级与资本主义带来的历史性进步也要看到它的双面性，封建的人身依附关系的破除并没有带来真正的平等，只是从基于出生的不平等转变为基于财富的不平等；新技术的使用、生产力的发展、财富的积累，并不意味着普遍的繁荣，而是产生了贫富之间的巨大鸿沟，是无法治愈的"社会瘟疫"——周期性的经济危机；全球市场的开拓，导致资本流向世界、利润流向西方，在资本主义全球市场扩张的过程中，西方资本主义国家对落后国家和民族进行了疯狂的掠夺，资本的魔爪伸向亚洲、非洲、美洲，所到之处都带着"血和肮脏的东西"。

生产力的发展使资本主义生产关系最终取代了封建生产关系，而现在资本主义生产关系本身也成了生产力的桎梏。马克思和恩格斯认为，只有推翻资本主义的这种生产关系，生产力才能得到进一步的发展，生产力和生产关系的矛盾运动必然导致资本主义的灭亡。但是资产阶级并不甘心退出历史舞台，更不可能放弃已有的统治地位，他们会借助已经掌控的国家机器的暴力力量殊死抵抗，那么，谁来充当资产阶级的掘墓人，来完成这项伟大的历史使命呢？是无产阶级。

如果说不断发展的社会生产力是资产阶级为自己锻造的工具，而且正是这一工具将资产阶级置于死地的话，那么现代工人即无产者正是这一工具的使用者。无产阶级同资产阶级是同时产生的，在资本主义自由竞争的时代，也就是《共产党宣言》产生的那个时代，无产阶级受剥削和受压迫的程度是我们现在难以想象的。在《资本论》中马克思曾经引用了 1860 年 1 月 17 日伦敦《每日电讯》中的一则报道："9 岁、10 岁的孩子，在大清早三四点钟就从肮脏的床上被拉起来，为了勉强糊口，不得不一直干到夜里十一二点钟。他们四肢瘦弱，身躯萎缩，神态呆滞，麻木得像石头人一样。"马克思还讲到英国火柴制造业大量雇佣的童工，他们在极其恶劣的条件下从事着繁重的劳动，以至于马克思感叹："如果但丁还在，他会发现，他所想象的最残酷的地狱也赶不上这种制造业中的情景。"

《共产党宣言》指出，无产阶级反对资产阶级的斗争经历了从自发到自觉两个阶段。《共产党宣言》强调了无产阶级的特性，在资本主义社会中，无产阶级是最彻底的、大无畏的革命者，因而只有无产阶级才能承担伟大的历史使命。《共产党宣言》表明了无产阶级解放运动是人类历史上最彻底最广泛的革命运动，它的目标是消灭私有制、为绝大多数人谋利益、解放全人类。而无产阶级要实现自己的历史使命，第一步就是要打倒本国的资产阶级。通过分析资本主义内在矛盾与无产阶级的历史使命，整个第一章最终得出"两个必然"的结论：资产阶级的必然灭亡和无产阶级的必然胜利，也可表述为资本主义的必然灭亡和共产主义的必然胜利。

共产党人不是同其他工人政党相对立的特殊政党。

他们没有任何同整个无产阶级的利益不同的利益。

他们不提出任何特殊的原则，用以塑造无产阶级的运动。

......

共产党人的理论原理，决不是以这个或那个世界改革家所发明或发现的思想、原则为根据的。

这些原理不过是现存的阶级斗争、我们眼前的历史运动的真实关系的一般表述。

......

无产阶级将利用自己的政治统治，一步一步地夺取资产阶级的全部资本，把一切生产工具集中在国家即组织成为统治阶级的无产阶级手里。

……

代替那存在着阶级和阶级对立的资产阶级旧社会的，将是这样一个联合体，在那里，每个人的自由发展是一切人的自由发展的条件。

《共产党宣言》指出，共产党是无产阶级的政党，它并不是和工人群众以及其他工人政党相对立的特殊政党。共产党不提出任何特殊的宗派原则，不谋求任何私利。共产党的最近目的是使无产阶级形成阶级，推翻资产阶级的统治，建立自己的政权。而共产党的主张则可以用一句话来概括，那就是消灭私有制。从历史上看，所有制关系是经常变更的，而资产阶级的所有制是私有制的最完备和最后的形式。共产党人要消灭剥削、消灭阶级、实现共产主义，就必须彻底消灭资本主义私有制。按照当时马克思和恩格斯的设想，无产阶级实现自己的历史使命将经历三个阶段：通过无产阶级革命建立无产阶级专政；之后利用已经掌握的国家机器对社会进行全面的改造，消灭私有制、建立公有制、推动生产力不断发展，这个阶段是向共产主义过渡的阶段；等到生产力发展到相当高的阶段，整个社会精神与物质文明积累达到相当的高度就可以完成过渡，实现共产主义。这一设想只是对未来社会比较简单的勾画，后来的发展很大程度上超越了这样的设想。"每个人的自由发展是一切人自由发展的条件"是共产主义区别于以往人类社会的最主要特征，如果选出一句话来对共产主义价值原则与最高理想进行概括和描述，那么这句无疑是非常精准的。1894年，当有人请求恩格斯为即将出版的周刊《新纪元》题词，用简短的语句来表述未来社会主义新纪元的基本原则，以区别于文艺复兴时期意大利伟大诗人但丁描述的"一些人统治，另一些人受苦难"的旧纪元时，恩格斯毫不犹豫地指出"除了从《共产党宣言》中摘出下列一段话外，我再也找不出合适的"，而恩格斯摘出的正是这一段：

> 共产党人不屑于隐瞒自己的观点和意图。他们公开宣布：他们的目的只有用暴力推翻全部现存的社会制度才能达到。让统治阶级在共产主义革命面

前发抖吧。无产者在这个革命中失去的只是锁链。他们获得的将是整个世界。全世界无产者，联合起来！

这段文字是《共产党宣言》第四章的结尾部分，《共产党宣言》在第三章揭露了形形色色的社会主义"假冒伪劣"货色之后，第四章论述了共产党以"原则坚定性与策略灵活性的统一"为基础，而对各种反对党派采取的态度，最后指出共产主义是人类社会发展的必然趋势，也是共产党人的最终目的，通过暴力革命夺取政权，在全世界实现共产主义。共产党人是光明磊落的，不屑于隐瞒自己的观点。"全世界无产者，联合起来"这一口号表明，无产阶级的彻底解放不是一个民族、一个国家的事情，而是全世界无产阶级的事情，无产阶级要实现解放全人类的历史使命，必须实现国际大联合。为了维护自己的统治，各国资产阶级已经互相勾结起来，从而形成了世界资本主义共同压迫世界无产阶级和劳动人民的反动联盟。在这样的条件下，无产阶级的敌人就不只是本国的资产阶级，而是整个国际资产阶级，所以全世界的无产阶级必须联合起来战斗！

正如《国际歌》中所唱到的："起来，饥寒交迫的奴隶！起来，全世界受苦的人！满腔的热血已经沸腾，要为真理而斗争！旧世界打个落花流水，奴隶们起来，起来！不要说我们一无所有，我们要做天下的主人！"

《共产党宣言》篇幅虽小，却大气磅礴，敲响了旧世界的丧钟，预示着新世纪的黎明。

初心永恒

《共产党宣言》诞生至今，已然经过了170多年沧海桑田的变迁，西方世界也发生了巨大的变化。人们不禁要问，共产主义还行不行？《共产党宣言》还灵不灵？要回答这个问题，就要认真想想这170多年来，变的是什么，什么没有改变。是工人阶级和广大人民群众的斗争，促进了资本主义国家社会福利的建立与完善，这也在相当程度上缓和了资本主义国家的阶级矛盾。但是资本主义制度的根本矛盾和主要矛盾并没有消亡，虽然矛盾的表现形式发生了变化，但是矛盾的本质并没有改变。美国发生的"占领华尔街"运动，就是当代西方发达国家阶级矛盾的典型个案。另外，我们还要看到西方社会的整体人权方面取得的历史性进步，首先要感谢马克思、恩格斯对资本主义社会的批判与斗争，这是包括不屈不挠的国际共产主义运动在内的一切进步社会运动努力的结果。

图18　早期《共产党宣言》版本。前排两册分别为陈望道译本的1920年8月版和9月版

《假如没有马克思》是德国著名文学家、诺贝尔文学奖获得者海因里希·伯尔的一篇短文，他写道："没有工人运动，没有社会主义，没有他们的思想家，他的名字叫卡尔·马克思，当今六分之五的人口还依然生活在半奴隶的阴郁的状态中；没有斗争，没有起义，没有

罢工，这需要发动，需要引导，资本家是连半步也不让的。西方世界理应感谢卡尔·马克思，尽管东方世界宣布信奉卡尔·马克思……没有马克思的理论，没有马克思为未来所制定的路线，几乎不可能取得任何的社会进步。后代人享受这些社会进步心安理得，想也不去想一想马克思的事业、马克思的生活。女售货员没有马克思是不可想象的。女售货员没有马克思，至今还得为其八小时工作制，为其自由的下午，也许为其自由的礼拜天，为其在工作时间偶尔坐坐的权利而斗争。"

虽然当代西方已经不再有当年那样风云激荡的革命形势，但是马克思、恩格斯的理论与学说作为一种积淀已经内化成它的一部分历史。在资本主义发展过程中，社会领域的各种进步和改良政策与马克思主义的影响是密不可分的。现实中哪里有不公正，哪里有压迫，哪里就可以看到马克思主义的影子。西方的左翼运动与进步运动，与马克思、恩格斯的学说也有着千丝万缕的联系。所以马克思主义在西方并未销声匿迹，相反，无论在历史还是现实当中，都能找到它的痕迹，所以西方民众把马克思视为"千年第一思想家"。

而在世界的东方，马克思主义已经开花结果，由理论变为实践，从蓝图变成现实。"马克思、恩格斯用《宣言》创造了一个时代"，一个十月革命开辟的社会主义时代。在十月革命的炮火中，马克思主义来到中国。《共产党宣言》也在先进的知识分子中传播开来。

1920年早春，春寒料峭，在浙江义乌分水塘村一间简陋的农舍里，陈望道把自己封闭起来，着手翻译第一部中文版的《共产党宣言》。他沉浸其中，废寝忘食地工作，以至于母亲送来的粽子都让他蘸着墨汁吃了下去，粽子本该蘸着糖吃的，但此时，有什么比真理的味道更香甜呢。那么，《共产党宣言》对于中国共产党而言，意义究竟有多么重要呢？

1936年，毛泽东在延安曾经对美国著名记者埃德加·斯诺说道，有三本书特别深刻地铭刻在他的心中，建立起他对马克思主义的信仰。"这三本书是：《共产党宣言》，陈望道译，这是用中文出版的第一本马克思主义的书；《阶级斗争》，考茨基著；《社会主义史》，柯卡普著。"周恩来和邓小平等人也是在青年时期，在巴黎勤工俭学期间开始阅读《共产党宣言》的。1992年，邓小平同志在视察南方时满怀深情地回忆道："我的入门老师是《共产党宣言》和《共产主义ABC》。"

习近平同志曾经在中央党校2009年春季学期第二批进修班开学典礼上，讲过关于《共产党宣言》的故事。

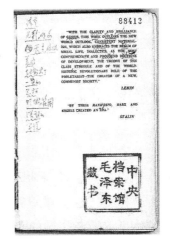

图19 毛泽东批注过的英文版《共产党宣言》

读马列、学毛著，要精，要原原本本地学、仔仔细细地读，下一番真功夫。1939年底，毛泽东同志在延安对一位进马列学院学习的同志说："马列主义的书要经常读。《共产党宣言》，我看了不下一百遍，遇到问题，我就翻阅马克思的《共产党宣言》，有时只阅读一两段，有时全篇都读，每读一次，我都有新的启发。我写《新民主主义论》时，《共产党宣言》就翻阅过多次。读马克思主义理论在于应用，要应用就要经常读，重点读。"邓小平同志、江泽民同志和胡锦涛同志也都在不同时期反复强调认真研读原著的重要性。

　　《共产党宣言》是国际共产主义运动的第一个纲领性文献，是马克思主义诞生的标志。可以说《共产党宣言》点亮了共产党人的初心，《共产党宣言》也见证着共产党人不忘初心、砥砺前行的艰难历程。

　　1920年4月底，陈望道废寝忘食翻译完的《共产党宣言》被带到了上海，同年8月第一个中译本出版了。1921年，去上海参加中国共产党第一次代表大会的代表王尽美、邓恩铭把这本珍贵的译本带到了北方，从此，它在几名英勇忠诚的共产党人手中辗转传递。它经历了大革命的风暴，经历了抗战的铁血岁月，承载着守护者的鲜血和生命，也见证了中国共产党苦难的辉煌。直到1975年，当时已经重病缠身的周恩来在第四届全国人民代表大会召开期间见到了陈望道，他向这位首译者追问这珍贵的孤本的下落。周总理说："这是马列老祖宗在我们中国的第一本经典著作，找不到她，是中国共产党人的心病啊！"所幸，就在那年，被守护者精心保存的首译本在征集革命文物的过程中重现。经历过血与火的洗礼，经历了近百年的沧海桑田，它的页面已经泛黄、字迹已经模糊，但是经它塑造的信念却汇聚成磅礴伟力，经它点亮的中国共产党人的初心恒久不变。

第三章
中国共产党的青春之歌

20世纪，从新文化运动到五四运动；从红楼风雨到红船风云；从马克思主义在中国早期的传播到中国共产党的创立，这是中国共产党一段动人心魄的青春之歌。历史的尘埃，湮没不了中国共产党人在流金岁月中的苦难芳华。不忘初心，方得始终；红船精神，代代传承。

马克思主义正青春！

红色潜流

19世纪末的中国大地，山河破碎、风雨飘摇。清王朝老迈、腐朽的背影，已经融入最后一抹历史的残照余晖之中。马克思主义像一束极微弱的光，被一位传教士

图20 李提摩太通过《万国公报》最早把马克思、恩格斯、社会主义等欧洲思潮及人物传到中国

带到前景黯淡的末代王朝中。这位传教士叫作李提
摩太。

当时他在朝野上下是一位很吃得开的红人。比如
1902年，在他的提议下，晚清政府用山西的"庚子赔
款"创办了当时极有影响、汇通中西的山西大学堂（今
天的山西大学）。这一功绩成为他生命中最为浓墨重彩
的一笔，由此而使他广为人知。另外一件鲜为人知的
"小事"就是，他是有资料可查的第一位把马克思的名
字和他的学说零星介绍到
中国的人。《万国公报》
是近代中国影响深远的一
份杂志，1899年2月在这
份杂志的121期上，刊登
了《大同学》第一章《今
视景象》一文，在这篇文
章中介绍了"百工领袖"
马克思，节选编译了我们
今天熟悉的《共产党宣
言》中的"资产者与无产

图21　太原学府公园中的李提
摩太塑像

者",这篇文章的译者正是李提摩太。虽然译文晦涩,不乏谬误,而且译者本意也是为了迎合当时颇为流行的改良主义思潮,为欧美新学在中国的传播广开渠道,给基督教教义涂上社会主义的"油彩",但是荧光之微,也可以划破暗夜,因其预示着新思想的火种将以燎原之势撼动中国。

与李提摩太过从甚密的梁启超是中国赫赫有名的人物。维新运动失败之后,"戊戌六君子"血溅菜市口,他作为主要领导者也流亡日本。残酷现实使梁启超的思想有了更进一步的发展。他在日本接触了大量的西方政治思想书籍,转而开始向国人介绍西方的政治哲学家和许多思想家,其中包括了社会主义思潮及其主要代表人物马克思。

梁启超有一篇很有影响的文章《中国之社会主义》,其中简要介绍了马

图22　梁启超

克思的基本观点和《共产党宣言》的主要内容。他认为马克思是"社会主义的创始人和泰斗"，对社会主义的一些观念也是支持和赞同的。当然马克思主义本质上是革命的学说，对于主张资产阶级渐进式改良的梁启超而言，这种彻底重塑一个世界的"革新"，一旦超越他能接纳和理解的底线，他就会站到社会主义的对立面。梁启超是第一个在自己的著作中提及马克思、介绍共产主义的人，但是他与这一伟大新思想的"缘分"也仅仅到此为止。

　　和梁启超相比，孙中山与共产主义的渊源就深厚多了。早在19世纪他"蒙难伦敦"之际，就在马克思长期逗留并写作《资本论》的大英博物馆里认真研究过马克思、恩格斯的著作。这对他自己的"三民主义"思想影响很大。孙中山夫人宋庆龄曾经讲过："他知道马克思、恩格斯，他也听到了关于列宁和俄国革命活动的消息。早在那个时候社会主义就对他产生了吸引力。"根据他自己对社会主义的理解，孙中山创立了"三民主义"学说，所以在他看来"三民主义"就是"社会主义"，这是不足为奇的。

　　难能可贵的是孙中山先生研究过马克思主义之后，一直力图将它用于解决当时中国所面临的各种问题，力图为自己的祖国寻找到一条最好的道路，一条不仅能摆脱列强的欺凌和封建专制的统治，而且还能"超越"资本主义的道路。这是一条什么样的道路呢？在《建国方略》中，他曾这样叙述："两年之中，所见所闻，殊多心得，始知徒致国家富强，民权发达如欧洲列强者，犹未能登斯民于极乐之乡也，是以欧洲志士，犹有社会革命之运动也。予欲为一劳永逸之计，乃采取民生主义，以与民族、民权问题同时解决。此三民主义主张所由完成也。"那么"毕其功于一役"的民生主义核心思想，就是要在发展资本主义的同时也要节制资本，这样的思想确实闪耀着社会主义的光辉。

　　在孙中山先生的影响下，许多资产阶级的革命派开始理解社会主义。他们大量地介绍、翻译了一些马克思主义著作，囿于自身的原因和时代的局限，大多数人一直是社会主义的同行者，而没有成为真正的马克思主义者。最终在中国大地上，真正实现"三民主义"理想的也不是孙中山先生所缔造的资产阶级政党，而是中国共产党。中国共产党带领中国人民经历了近百年奋斗，创造了"人间奇迹"，也足以告慰近百年来救亡图存的革命者们的英灵了。

五四运动之前，共产主义在中国只是地下的潜流，是星星点点的野火。真正使马克思主义在中国传播，还需要一场思想和文化的革命。

新思想　新青年

　　中国近现代史上最重要的一次思想和文化启蒙，开始于一本名为《新青年》的月刊。《新青年》于1915年9月创刊，原名《青年杂志》，之后改名，编者是陈独秀。1917年1月受聘为北京大学文科长的陈独秀来京赴任，《新青年》的编辑部也由上海移至北京。"海纳百川，有容乃大"，彼时的北京大学有幸

图23　《新青年》第二卷第一号

出现一位杰出的教育家——蔡元培主持大局。得益于当时的校长蔡元培实行了"兼容并包"的办学原则，于是陈独秀来了、刘半农来了，钱玄同、沈尹默已然在列。北京大学一时精英荟萃、群星璀璨。1917年夏，胡适归国，出任哲学史教授。1917年11月李大钊受聘为图书馆主任并兼任教授，而鲁迅在1920年前，在当时的教育部任职，与这些北大教授也保持着密切的联系。这些人在日后狂飙突进的思想启蒙风暴中，一直居于风暴的中心。1918年1月，《新青年》由陈独秀个人主编改为同人刊物，李大钊、鲁迅、胡适、钱玄同、刘半农都参

图24 严复与《天演论》

与到编辑工作中并成为主要撰稿人，使《新青年》成为
孕育新文化的摇篮和传播新思想的阵地。

　　"五四"前后，中国思想界的主流思潮是源自严复
《天演论》的"进化论"思想。进化论的基本观点是：
"物竞天择，适者生存"。这种思想在19世纪末，中华
民族生死存亡的危急关头，为沉醉于"帝国梦"中的统
治者敲响了警钟，对唤起民族自尊心、号召民众救亡图
存起到了巨大的作用。

　　当时，作为《新青年》
的主编，陈独秀也是这种思
潮的传播者。他在创刊号的
第一篇文章——《敬告青
年》中写道："新陈代谢，
陈腐朽败者无时不在天然淘
汰之途。"他在《抵抗力》
一文中又说："万物之生存
进化与否，悉以抵抗力之有
无、强弱为标准。优胜劣
汰，理无可逃。"从进化论

图25　《新青年》创刊词

的观点出发，陈独秀和他同时代的许多人一样，对于当时中国落后挨打的国情还没有深刻而清醒的认识，只是一味强调"国弱民愚"的现状。没有从帝国主义侵略，给中华民族造成的深重灾难这个角度去辩证地看待认识这个问题。由于不能正确地理解"自强"与反对帝国主义的斗争之间的辩证关系，不能正确地理解唤醒民众与反对封建专制的斗争之间的辩证关系，所以陈独秀在五四运动之前的思想，并没有从根本上超越近代严复之流。

同样，李大钊在五四运动之前，也是深受"进化论"的影响。在这种思想的影响下，他号召国人积极进取，自强不息。他本人充满了爱国热情，积极投身于政治活动当中，比如在留日期间组织参加了反对袁世凯、反对"二十一条"的斗争。针对陈独秀1914年10月发表的第一篇文章《自觉心与爱国心》中，对国家的前途、民族的命运流露出的悲观主义，以及当时许多感时愤世的知识分子因对国家前途无望而自杀的事件，李大钊在1915年8月出版的《甲寅》上，发表了《厌世心与自觉心》，阐发了积极向上的爱国主义精神。当时的李大钊虽然也曾错误地歌颂过德意志帝国，但是他能够认识到帝国主义之间爆发的世界大战的原因，能够意识到社会进化论潜藏着美化侵略的错误观点，这使得他日后能够超越进化论，接受马克思主义。

当时担负中国现代思想启蒙的优秀知识分子，为什么会不约而同地青睐于进化论思想呢？因为它有一定的合理内涵。正如恩格斯在给拉普洛夫的信中所言："在达尔文的学说中，我同意他的进化论。"以李大钊为代表的先进思想家们正是抓住了这一合理内涵，以发展理论为武器，去摧毁一个陈旧保守的旧中国，催生一个"青春"之中国。

"德先生"和"赛先生"

为了催生"青春中国",《新青年》请来了两位先生:"德先生"和"赛先生"。"要拥护那德先生,便不得不反对孔教、礼法、贞节、旧伦理、旧政治;要拥护

图26　新文化运动的两面精神旗帜

那赛先生，便不得不反对旧艺术、旧宗教；要拥护德先生又要拥护赛先生，便不得不反对国粹和旧文学"。《新青年》明确宣告："我们现在认定只有这两位先生，可以救治中国政治上、道德上、学术上、思想上一切的黑暗。"

毛泽东曾经说过："自从1840年鸦片战争失败那时起，先进的中国人，经过千辛万苦，向西方国家寻找真理。洪秀全、康有为、严复和孙中山，代表了在中国共产党出世以前向西方寻找真理的一派人物。"近代以来，许多人在向西方寻找真理，但根据各自立场和观点的不同，又有着不同的方向。如早期的改良主义者醉心于西方的议会制度，于是学习的目标指向英国；而发起戊戌变法的康有为、梁启超，热衷于向日本的明治维新学习；资产阶级革命派孙中山，立志于依照"欧美之法"，"创立合众政府"，"建设一个驾乎欧美之上的真民国"。"五四"前夕的一些启蒙思想家们，依然在向西方寻求真理，只是当时他们的目光被法国吸引。毕竟18世纪开始，法国就是欧洲政治哲学的试验场，多次成为欧洲革命的中心。

陈独秀在《新青年》杂志创刊号（当时名为《青年杂志》）上发表发刊词《敬告青年》，紧接着的第二篇文章就是《法兰西人与近世文明》。他在这篇文章中说："近代文明之特征，最足以变古之道，而使人心社会焕然一新者，厥有三事：一曰人权说，一曰生物进化论，一曰社会主义。是也。""欧罗巴之文明，欧罗巴各国人民皆有所贡献，而其先发主动者，率为法兰西人。"

"五四"前夕，虽然资产阶级的启蒙思想家们对"法兰西文明"充满了热情和敬意，憧憬着"自由、平等、博爱"的资产阶级共和国，但是他们却不能把"共和国"的大厦建立在真实的中国大地上。第一，以法国为代表的资产阶级革命之所以能够成功，是因为人民群众是推动革命不断取得胜利的主力军。正如恩格斯所言，在英法资产阶级革命中，"都是农民提供了战斗部队"。列宁在论述资产阶级革命时，指出当时资产阶级相信自己的利益与农民的利益协调一致，与农民结成了联盟。但是，由于中国近现代历史发展的独特性，在当时的经济政治条件下，没有出现类似于法国大革命时期具有比较彻底的革命性的强大的资产阶级，更不可能把当时分散的人民群众的斗争力量组织和领导起来。中国启蒙运动的倡导者们同样脱离当时的人民群众，而且从他们思想的深度、广度、影响力来看也无法与法国启蒙思想家们相提并论。

第二，客观上讲，帝国主义也不允许在当时中国的土地上，建立一个统一、强大的东方资产阶级共和国。从世界历史的角度来看，当资本主义进入帝国主义阶段，主要资本主义国家对全球势力范围的划分与争斗，使得他们实质上与东方半殖民地国家的人民，包括这些国家的民族资产阶级在内站在了对立面。所以出于"瓠裂分离"中国的需要，他们也不会允许中国建立一个资产阶级共和国。正如毛泽东所说："要在中国建立资产阶级专政的资本主义社会，首先是国际资本主义即帝国主义不允许。帝国主义侵略中国，反对中国独立，反对中国发展资本主义的历史，就是中国的近代史。历来中国革命的失败，都是被帝国主义绞杀的，无数革命的先烈，为此而抱终天之恨。"黄遵宪有一首诗《题梁任父同年》，这样写道："寸寸山河寸寸金，瓜离分裂力谁任？杜鹃再拜忧天泪，精卫无穷填海心。"这首诗就是近代以来，"抱终天之恨"的爱国志士忧愤难平的心理的真实写照。

因此，《新青年》虽然请来"德先生"，但是来自法兰西"水土不服"的"德先生"还是在中国的历史上黯然离场了。

"赛先生"是科学，主要是指自然科学。请来"赛先生"是为了反对迷信。中世纪的欧洲，无数科学先驱死于宗教迷信的暴虐之下。中国虽然没有类似于烧死科学家布鲁诺的宗教裁判所，但迷信、蒙昧、野蛮同样存在，比如鬼神之说。鬼神之说，源于原始社会，当人类在未开化的蒙昧时代，无法解释许多自然现象，在自然强大的力量面前无比脆弱的时候，神秘化一些自然的力量是很常见的。比如神化刮风是天神呼吸，打雷是天神在击鼓，地震是鳌鱼在翻身。加之中国长期处于封建专制皇权统治之下，历代封建统治者利用和发展了这种鬼神之说，并使其系统化、宗教化。这样一方面可以为封建皇权加上一件神圣的外衣，另一方面也可以将一副沉重的精神枷锁套在人民身上，更便于封建统治者对人民精神的控制。

辛亥革命失败之后，卷土重来的各种旧势力与当时的强权军阀，祭出"尊孔读经"和"鬼神之说"封建、迷信的大旗。1917年秋，上海便有一帮文人筹划创建迷信团体。他们在当年10月份正式开设了"盛德坛"，成立了"上海灵学会"。他们声称："灵学者，实为凡百科学之冠，可以浚智慧、增道德、养精神、通天人。"封建专制与鬼神迷信思想有着密切关系，因此上海这一帮讲鬼话的封建文人在十里洋场大兴鬼神之风。清朝遗老遗少、封建权贵势力为鬼神之说呐喊助威。高举民主与科学大旗的《新青年》则与鬼神之说展开了激烈的论战。

1918年5月出版的《新青年》第4卷5号上，陈大齐、陈独秀、钱玄同、刘半农等人，都发表了专文或杂感，针对"灵学"进行了批判。陈大齐《辟灵学》批判了鼓吹怪力乱神的扶乩之说。陈独秀写了《有鬼论质疑》，以生活中的常识质疑鬼神论的荒诞不经。而钱玄同和刘半农以随感录的形式，列举了"灵学"的种种谬论。他们对20世纪的中国出现这样的怪现象表达了极大的愤慨，指出提倡灵学者形同妖孽，欺世盗名以此牟利。钱玄同更是号召时代青年，剿灭这野蛮的邪教和兴风作浪的妖魔。1918年10月，鲁迅在《新青年》第5卷4号上《随感录三十三》一文中，为这次斗争作了科学的总结。他说："现在有一班好讲鬼话的人，最恨科学，因为科学能教道理明白，能教人思路清楚，不许鬼混，所以自然而然的成了讲鬼话的人的对头。"又说："据我看来，要救治这几至国亡种灭的中国，那种孔圣人、张天师传言由山东来的方法，是全不对症的，只有这种鬼话的对头科学——不是皮毛的真正科学！"科学精神战胜鬼神之说，是文化启蒙的一大功绩，是20世纪初思想界极有意义的一场胜利。

新文化和旧礼教

  贩卖旧礼教的"孔家店"是民主和科学的大敌。对于当时这股"尊孔"逆流，《新青年》给予了有力的反击。

  新文化运动把攻击的矛头集中指向统治中国两千多年的封建主义思想文化，特别是被当时的北洋政府袁世凯之流所尊奉的以纲常名教为核心的礼教。先进的思想家们以进化论观点和个性解放思想为武器，揭露"三纲五常"是"奴隶的道德"，"忠孝节义"是"吃人的礼教"，坚定地表示："对于与此新社会、新国家、新信仰不可相容之孔教，不可不有彻底之觉悟，猛勇之决心，否则不塞不流，不止不行。""五四"前夕，这些"离经叛道"的呐喊，是对封建的政治制度和伦理道德的有力还击，是新文化运动的灵魂。

　　1916年10月至12月，《新青年》编者陈独秀发表了三篇论文，《驳康有为致总统总理书》《宪法与孔教》《孔子之道与现代生活》，对文化保守主义的扛鼎者——"孔教教主"进行了有力的反击。《驳康有为致总统总理书》，针对康有为一心一意要把孔教立为国教的主张，陈独秀把孔教"别尊卑、事天尊君"的核心思想与维护封建帝制的本质作用揭示出来，这就剥下了孔教伪善的外衣。《宪法与孔教》一文指出：现在的宪法是根据"欧洲法制之精神"制定的，而这种精神是以"平等人权为基础的"，

图27　新文化运动的代表人物

如果宪法中有了尊孔条文，那么其他条文都可以不要了。《孔子之道与现代生活》从现代经济生活和现代伦理关系上，论证了孔教之道不适于现代经济生活。

新文化运动的思想家们对于孔教的这些批判，不仅是极其勇敢的，也是充满理性的。诚如李大钊所指出的："余之掊击孔子，非掊击孔子之本身，乃掊击孔子为历代君主所雕塑之偶像的权威也；非掊击孔子，乃掊击专制政治之灵魂也。"这段话很清楚地表明，新文化运动中，反孔教的本质是反对封建帝制和封建保守的思想文化，而不是全盘否定中国的传统文化。新的时代，我们在继承和发扬优秀传统文化的同时，也要反对文化保守主义思潮，同样也需要摒弃传统文化中的糟粕。

文学革命是新文化运动中非常重要的一项内容。最早倡导文学革命的，是两位新文化运动的"主将"胡适和陈独秀。胡适在《新青年》上发表《文学改良刍议》一文，系统地提出文学改良的主张，提倡、宣传以白话文代替文言文。陈独秀随即发表《文学革命论》，文中他大声疾呼："今欲革新政治，势不得不革新盘踞于运用此政治者精神界之文学。"这样文学革命与反封建的政治主张就紧密结合在一起了。

文学革命的实质就是以民主主义的新文学，革封建主义旧文学的命。在文学革命的阵营里，鲁迅先生堪称是一位伟大的旗手。1918年5月，鲁迅在《新青年》上发表了《狂人日记》，这是他的第一篇白话文小说。在《狂人日记》中，鲁迅借着"狂人"之口，怒揭封建礼教伪善的面目。其中他写道："我翻开历史一查，这历史没有年代，歪歪斜斜的每页上都写着'仁义道德'几个字。我横竖睡不着，仔细看了半夜，才从字缝里看出字来，满本都写着两个字是'吃人'！"

鲁迅以深邃的思想、带血的文字去揭示封建伦理纲常、封建道德"吃人"的本质，这是有深刻的历史、文化原因的。20世纪初，人类社会已拉开现代史的大幕。但是历史的惯性，使得绵延千年的礼教依然根深蒂固地寄生于一个半殖民地半封建社会的旧中国残破的身体上。表面上礼教在维护封建的伦理纲常，实质上维护的是封建的等级制度和人身依附关系。封建礼教的存在不仅像一具枷锁，牢牢束缚了中国人特别是年轻人的个性解放，制约了他们身心的全面发展，使他们在一个病态的精神世界中未老先衰；更重要的是封建礼教充当着旧制度最后的遮羞布，试图为行将就木的旧制度续命招魂。所以建立一个真正现代化的文明、民主的共和国，培育身心健康的现代国民，就不得不摒弃封建旧礼教、倡导民主与科学的新文化。而文学革命的倡导者们以有力的、大众化的、生动的文学形式成为新文化运动的急先锋。鲁迅先生对那些维护封建礼教的人予以警告："你们可以改了，从真心改起，要晓得将来是容不得'吃人'的人"。《狂人日记》是一篇写给封建礼教的控诉书，是鲁迅投向旧制度的第一支投枪。也正因为如此，"打倒'吃人'的旧礼教"成了时代青年们的口头禅，他的号召力和影响力由此可见一斑。继《狂人日记》之后，鲁迅又发表了《我之节烈观》《我们现在怎样做父亲》，对父权、夫权进行了抨击。之后，他发表过一系列短评，比如《敬告遗老》《孔教与皇帝》《旧戏的威力》，对尊孔派及封建文化的卫道士们进行了揭露与批判。鲁迅先生作为新文化运动的旗手、伟大的思想启蒙者，是黑暗中最勇敢的斗士，是革命者最忠实的同路人，也是那个时代青年们最可信赖的朋友和师长。

五月之光

五四运动在风云激变的 1919 年，酝酿于北大红楼。之后，赵家楼的一把怒火燃遍中国大地。一场伟大的爱国主义运动改写了中国的历史。

1919 年，北京的春天，在漫天风沙中少了几分春光明媚，多了一些愁云惨淡。一如爱国学子的心境。

巴黎和会中国外交失败的新闻有如噩耗，令国人悲愤交加。山东、上海、北京等全国各地，学界、政界、商界等各界民众，都举行了各种各样的集会，讨论着如何抗议关于山东问题的无理条约。

山雨欲来风满楼。

1919 年 5 月 3 日夜晚，本是周末的休息时间，北京大学的学生从校长蔡元培那里得知了巴黎和会中国外交失败的消息，这个"晴天霹雳"砸碎了无数人的好梦。学生们无心学习、无人入睡，怀着赤子之心和一腔忧国之情，讨论如何挽回外交败局，拯救祖国。也是在这个时候，陈独秀在《每周评论》上发表了一篇重要评论，"巴黎的和会，各国都重在本国的权利，什么公理，什么永久和平，什么威尔逊总统十四条宣言，都成了一文不值的空话"，号召人民群众"直接解决"巴黎和会的各种问题。这些思想和论点还未正式发表，就已经在学生中广为流传并为他们所接受。当时的北京大学法科礼堂，挤满了前来集会的学生，除一千多名北京大学本校的学生之外，还有十几所其他学校的学生代表。会上有许多学生发言，如张国焘、许德珩、丁肇青、夏秀峰等。法科学生谢绍敏当场咬破中指，撕断衣襟，写下"还我青岛"的血书，会场上凄凉悲壮的情绪激发了青年学子慷慨赴国难的决心。

除北京大学的学生之外，北京其他高校的学生社团也在筹划行动。

1919年5月4日上午，北京各校学生召开了一个短会，决定当天下午游行请愿。

雄伟开阔的天安门广场，巍峨高大的天安门城楼，历经多少风雨沧桑，依然像一颗巨大的鲜红的心脏，镶嵌在祖国的政治中心。五四爱国运动也是从这里起步的。

1919年5月4日下午，北京十几所学校的学生，从四面八方汇聚到天安门前，当北京大学学生的队伍冲破重重阻拦，到达天安门广场时，广场一片沸腾。学生们集合到天安门广场的目的是为了游行示威，向当时的总统府和英、美等国的使馆抗议，表达国民外交的声势。当时北京大学有两个学生社团，各自推举许德珩和罗家伦，为这次游行起草了文言文和白话文两份宣言。

图28　学生游行

　　游行队伍从天安门出发，经中华门向东交民巷行进。沿途又有不少人参与进来。行至东交民巷西口时受阻，3000多名学生被暴晒了两个多小时。学生们深感"国犹未亡，自家土地已不许我通行，果至亡后，屈辱痛苦，又将如何"。义愤填膺的学生们才决定转向曹汝霖宅邸。曹汝霖是当时北京政府的三个亲日官员之一。在赵家楼的曹宅没有找到曹汝霖本人，愤怒的学生火烧了赵家楼，痛殴了另一个卖国官员章宗祥。后来政府派军警镇压，逮捕了游行示威的学生32人。

　　1919年5月5日，北京各大中专学生宣布实行罢课，并通电各方请求支援，营救被捕学生。学生们在斗争中迅速联合起来，北京学生的爱国运动得到全国学生的支持。迫于舆论，北京政府释放了被捕学生，但是对于学生们正当的政治诉求并未回应。

　　1919年6月1日，北京政府的两道命令激起更大民怨。一道是表彰曹汝霖、陆宗舆、章宗祥三个卖国官员，另一道就是取缔学生的一切爱国行动。愤怒的学生再次走上街头，这次遭到了北京政府更加严酷的镇压。

　　1919年6月5日，上海工人自动举行罢工，支援学生的反帝爱国运动。由此五四运动迎来了真正的高潮。

上海工人的行动推动了全国工人的罢工风潮，风起云涌的罢工运动迅速扩展到20多个省100多座城市。这时，由爱国学生发起的爱国运动，壮大为全国性的各阶层群众参加的反帝爱国运动。工人阶级，特别是中国的产业工人以前所未有的姿态，登上历史舞台，成为反帝爱国政治斗争的中坚力量。

1919年6月11日，北大教授陈独秀、李大钊、高一涵到北京城南新世界游艺场，散发《北京市民宣言》。其中提出收回山东主权、罢免卖国官僚等关于内政外交的五点最低要求。陈独秀在散发传单时被捕，再一次激起了进步学生和社会团体的抗议之声。6月16日，全国学生联合会在上海成立，目的就是号召和组织全国各地学生投入拒签巴黎和会条约（《凡尔赛条约》）的斗争中。学生的爱国行动得到广泛响应，特别是工人群众给予了他们最强有力的支持。6月18日，山东各界联合会派出各界代表80余人进京请愿。在声势巨大的群众爱国运动的压力之下，6月28日，中国代表拒签了巴黎和会的条约，五四爱国运动取得了阶段性的胜利。

五四运动是近代史上第一次由学生发起，群众广泛参加的反帝爱国运动。在这次运动中年轻的中国工人阶

图29　五四运动中的爱国学生

级展示了自己潜藏的巨大力量，新型爱国知识分子成为民族的先锋。他们在追求民族独立、国家富强，探求救国救民的道路上迈出了重要的一步。陈独秀、李大钊这些具有初步共产主义思想的先进知识分子，逐渐成为爱国运动中的灵魂和领袖。优秀的知识分子通过这次运动看到了群众特别是中国产业工人蕴藏的磅礴之力。这一切都为马克思主义在中国的传播和中国共产党的创立提供了重要的条件。

五四运动宛如一道耀眼的闪电，划破了旧世纪的黑暗；又是一束曙光，宣示了新世纪的黎明。

从红楼到红船

五四运动以后，马克思主义在中国迅速地传播开来。已经接受了马克思主义的先进知识分子经历过五四运动风暴洗礼之后，积极走上与工人运动相结合的道路。这样一来，创立中国共产党的大业就提到了历史日程上。

最早酝酿在中国建立共产党的人是陈独秀和李大钊。通过对马克思主义的学习和传播，通过对俄国十月革命经验的学习，通过与工人运动相结合的实践，他们的建党思想已经成熟。那就是建立一个中国共产党，领导中国人民走俄国十月革命的道路，以马克思主义改造旧中国建立新中国。"南陈北李"相约建党的过程中，也得到了共产国际派出的全权代表维经斯基的帮助和指导。

陈独秀在上海马克思主义研究会的基础上，加紧筹建党的组织。在他的主持下，1920年8月上海的党的早期组织成立，组织设立在《新青年》编辑部所在地——上海法租界老渔阳里2号。这是中国第一个共产党的组织，当时命名为"中国共产党"，早期成员主要有：陈独秀、俞秀松、李汉俊、陈公培、陈望道、沈玄庐、李达、沈雁冰等，他们大都是马克思主义研究会的骨干。

北京的党的早期组织是在李大钊的直接领导和筹划下成立的。它的组织基础是1920年3月成立的北京大学马克思主义学说研究会，这也是中国最早的马克思主义学术研究团体。成员大多是五四运动中的骨干和积极分子。1920年底，北京的党的早期组织召开会议，决定成立"共产党北京支部"，由李大钊任书记，张国焘负责组织工作，罗章龙负责宣传工作。到1921年7月，北京的党的早期组织的成员有李大钊、张国焘、邓中夏、罗章龙、刘仁静、高君宇、何梦雄、张太雷等，多为北京大学的进步师生。

上海、北京的党的早期组织成立之后，武汉、长沙、广州、济南等地，以及旅日、旅法华人当中的先进分子也先后开始创立党的组织。在上海的党的早期组织的直接指导之下，武汉的党的早期组织成立了。成员主要包括董必武、张国恩、陈潭秋、包惠僧。在毛泽东的筹划之下，1920年初冬，长沙的党的早期组织在新民学会的基础之上秘密成立。旅法华人中党的早期组织是在1921年成立，发起人有张申府和赵世炎，还有其他主要成员陈公培、刘清扬、周恩来等。他们多是留法勤工俭学人员。

到了1921年6月，在共产国际的推动之下，建党大

图30 中国共产党第一次全国代表大会上海会址纪念馆

业是万事俱备，只欠东风。

1921年7月23日晚，中国共产党第一次全国代表大会，在上海法租界李汉俊之兄李书城的宅邸开幕。13位参会代表，代表全国各地和旅日党的早期组织的50多位党员出席大会。他们是上海的李达、李汉俊，武汉的董必武、陈潭秋，长沙的毛泽东、何叔衡，济南的王尽美、邓恩铭，北京的张国焘、刘静仁，以及广州的陈公博，旅日的周佛海，还有陈独秀指定的代表包惠僧。共产国际的两位代表马林和尼克尔斯基也出席了大会。7月30日晚上，因受到法租界巡捕的干扰，代表们在斗争经

图31　浙江嘉兴南湖红船

验丰富的共产国际代表马林的建议下中止了会议，分批转移到浙江嘉兴南湖，在一艘游船上完成会议议程，胜利闭幕。

中国共产党的第一次全国代表大会通过了《中国共产党纲领》，纲领明确提出要把工人、农民和士兵组织起来，并确定了党的政治目标就是实行社会革命。一大纲领确定了党的名称为中国共产党，旗帜鲜明地把推翻资产阶级政权、建立无产阶级政权、实现共产主义作为党的奋斗目标。大会选举产生了党的临时领导机构——中央局，陈独秀担任书记，张国焘负责组织工作，李达负责宣传工作。

20 世纪 20 年代，在灯红酒绿的十里洋场，在密探遍布的白色恐怖中，秘密召开的中国共产党第一次全国代表大会似乎并没有引起太多人的注意，夜色中来，夜色中去。但是在南湖游船上诞生的红色政党，最终改写了历史、改变了中国。

"红船精神"光芒万丈，红星闪耀照亮东方。

马克思主义先驱——李大钊

　　1917年冬天，那时的北京称为北平，一个有着铅灰色天空的破败的故都。北京大学迎来一位外表敦厚、棉袍布鞋，衣着朴素得有些乡土气息的教授。他同时还被聘为图书馆主任。现在我们在照片上看到的李大钊，总是一副温厚长者的形象，实际上当时他还未满30岁。

　　北大教授李大钊在当时的进步青年中有着极高的威望，他积极传播、宣传新思想，在新文化运动中也是一员"猛将"。作为图书馆主任

图32　李大钊

的李大钊，常常利用"职务之便"，为北京大学图书馆购置回大量的马克思主义书籍，包括比较珍贵的马克思主义外文原著。在他的带动下，进步青年中间开始出现了马克思主义的研究热潮。这就使得北京大学红楼一时之间领红色风尚之先。

1918年，李大钊在北京大学发表了关于第一次世界大战局势的演讲。其中，他不只是提到了《共产党宣言》，更是运用《共产党宣言》所阐发的阶级斗争的原理，分析了当时的国际国内情势，预测了战争走向。1919年9月，李大钊与陈独秀创办的《每周评论》第16期发表了署名"舍"的文章，介绍了《共产党宣言》，并突出介绍了马克思主义关于阶级斗争和无产阶级专政的学说思想。李大钊对马克思主义的宣传，对五四运动的爆发起了推波助澜的作用。

1919年9月、11月出版的《新青年》第6卷的第5、6号上，李大钊发表了那篇流传甚广的文章《我的马克思主义观》，文章系统地介绍了马克思主义的学说，对马克思主义理论中最重要的概念，比如阶级斗争与无产阶级专政、社会主义与资本主义、唯物史观等进行了深入浅出的分析。这是中国近现代史上真正较为系统地介绍马克思主义的理论奠基之作。这篇文章标志着一位"铁肩担道义，妙手著文章"的真正马克思主义者的成熟。这位接受了近代西方大学教育的旧式知识分子，经历了新文化运动、五四运动的风暴洗礼，终于破茧成蝶，成为中国马克思主义思想传播的先驱。如果说马克思是人间的普罗米修斯为人类盗取真理的天火，那么十月革命则是把天火变为炮火，向世界展示了这真理之火的威力，使苦难的中国从中看到了希望之光。而李大钊就是为中国播撒火种的人。他在《法俄革命之比较观》《布尔什维主义的胜利》等文章和演讲中阐述了十月革命的意义和中国必须"以俄为师"的道理。他指出，十月革命所开始的，"是世界革命的新纪元，是人类觉醒的新纪元，我们在这黑暗的中国，死寂的北京，也仿佛分得那曙光的一线，好比在沉沉深夜中得一个小小的明星，照见新人生的道路"。他热烈欢呼"试看将来的环球，必是赤旗的世界"。

1921年7月23日，在上海召开了中共一大，李大钊因故未能出席。这位中国马克思主义思想传播的先驱，深孚众望的领导人，出人意料地未被选入中央局。李大钊对此并不介意，在这一点上他体现了真正的共产主义者那种大海般广阔的胸怀，冰雪般高洁的志向。他不谋私利，不计得失，为了伟大的事业忘我地工作。中共一大召开之后，"南陈北李"为党在全国的建立与发展积极工作。此外，李大钊身负另一项重要使命，就是会晤孙中山，推动国共第一次合作，建立革命统一战线。李大钊始终奔波在革命的路上。

刚刚成立的中国共产党就像一个横空出世的青春巨人，很快就在中国的大地上掀起了革命的浪潮。但是他毕竟年轻，在旧中国各种黑暗势力盘根错节的险恶生存环境下艰难探索。1927年春天，年轻的中国共产党遭遇了自成立以来前所未有的危机。1927年4月6日，京师警察厅派人突袭了苏俄使馆军营，有备而来的北洋政府查获了大量的文件档案，其中包括苏联政府和共产国际的重要文件，据此逮捕了包括李大钊在内的20多名革命者。1927年4月28日，反动军阀以"俄国人的奸细"为名在北京西郊民巷京师看守所秘密绞杀了李大钊等20位革命者。

"碧血几春花，零泪一抔土。不闻叱咤声，但听呜咽水。"为中国播撒马克思主义火种的先驱李大钊，献身于伟大的事业，以生命践行了自己的信仰。

恰同学少年

孩儿立志出乡关，学不成名誓不还。

埋骨何须桑梓地，人生无处不青山。

　　这是伟人毛泽东少年时代的一首诗，鸿鹄之志在诗作中尽显。"德不孤、必有邻"。青少年时期的毛泽东以其非凡的志向和才学，出众的人格魅力，像磁石一样吸引了一大批湘湖子弟中的青年俊彦。他们青春正好，茂如秋菊春兰。他们或博览群书，激扬文字；或徒步远行，深入民间了解社会。他们不只是一群鲜衣怒马青春作伴的同学，更是志同道合寻求真理的同志。1925年，毛泽东写下了《沁园春·长沙》，追忆了那段美好青春。"恰同学少年，风华正茂；书生意气，挥斥方遒。

指点江山，激扬文字，粪土当年万户侯。"这群莘莘学子、青年才俊中，最令他难以忘怀的恐怕还是挚友蔡和森。

1895年3月，蔡和森在上海出生。他的家庭是没落的官宦之家，而他的母亲是那个时代少有的进步女性。蔡和森出生后随母返湘，所以他也是一位杰出的湘湖子弟，才华横溢、抱负远大、豪气冲天。1913年，蔡和森进入湖南省立第一师范读书，与毛泽东一起投入杨昌济先生门下，结为挚友。他们发起新民学会，创办《湘江评论》，发表激浊扬清的文章，"指点江山"。他们还共同参加五四运动，积极投身于大时代的政治洪流之中。"毛蔡"之名在三湘青年中广为传颂，他们被誉为"双璧"，更被视为时代青年的典范。

1920年初，蔡和森远赴法国勤工俭学，而毛泽东留在家乡，继续领导湖

图33 蔡和森

南的学生运动。遥远的大洋不能隔断这对知己的友谊。在寻求真理的道路上，他们始终志同道合。蔡和森在法国期间广泛地阅读了马克思主义著作，分析比较了法俄革命。他翻译了《共产党宣言》《社会主义从空想到科学的发展》《国家与革命》等著作，并深入学习和思考，很快成长为一名共产主义战士。

这位年轻的马克思主义者极有远见卓识，他当时就意识到中国革命最主要的问题是建立革命政党组织领导革命。他把自己的见解与挚友毛泽东进行了充分的交流，"我以为先要组织党——共产党。因为他是革命运动的发动者、宣传者、先锋队、作战部，以中国现在的情形看来，须先组织他，然后工团、合作社，才能发生有力的组织。革命运动、劳动运动，才有神经中枢……明目张胆正式成立一个中国共产党"。两个为理想燃烧着青春之火的亲密伙伴，就像一把小提琴上的两根琴弦，轻轻触碰，就会产生和谐共鸣。毛泽东很兴奋地回复他的同乡故友，"你这一封信见地极高，我没有一个字不赞成"。之后蔡和森的建议，逐渐被陈独秀在内的大多数同志所认同，是他最早提出我们党应正式命名为中国共产党。

1921年10月，蔡和森回国。同年年底，经陈独秀介绍入党。1922年在中国共产党第二次全国代表大会上，他和妻子向警予一同被推选为中央委员。他为党的事业和中国革命做出了杰出的贡献。1931年由于叛徒顾顺章的出卖，这位革命家不幸被捕了。他在狱中备受摧残，但是始终坚守信仰，坚贞不屈，最后英勇就义，时年36岁。

"为有牺牲多壮志，敢教日月换新天。"革命从来都是充满铁与血的苦难历程。中国共产党人对信仰百折不回、虽九死而不悔的坚守，将他们锻造成大无畏的英雄。他们是真正的民族脊梁，是历史星空中最闪亮的坐标。若是没有这些英雄的中国共产党人，没有这些伟大的革命者，苦难的中国，在百年前腥风血雨的漫漫长夜里，又将往何处去呢？

伟人毛泽东在中国革命中牺牲了六位至亲，更有多位风华正茂、肝胆相照的"同学少年"倒在追求理想的征途之中。"我失骄杨君失柳"是他对牺牲的亲人挚友永久的祭奠和追忆。他们如花美眷、同学少年的风姿，他们献身革命、无畏无私的品质，将被无数的后来者铭记。

激情法兰西岁月

出国去，

走东海、南海、红海、地中海；

一处处的浪卷涛涌，

奔腾浩瀚，

送你到那自由故乡的法兰西海岸。

这是 1920 年 6 月 8 日周恩来送别友人时所作的一首诗，当时他因领导学生运动被关押在天津地方监察厅看守所中。到了 1920 年 11 月 7 日，重获自由的周恩来踏上了远赴自由之乡——法兰西的征程。

近代知识分子旅法勤工俭学始于 1912 年，在 1919

年成为新兴的社会潮流，在1920年达到高潮。追溯当时留法勤工俭学热潮形成的原因，有这么几点：一是有良好的组织基础，当时留法勤工俭学有良好的组织，"工读主义"思想盛行，半工半读的形式使学生经济压力比留学英美减轻很多；二是国内社会各界的支持及法国政府的欢迎，许多学生选择了这条途径；三是十月革命爆发之后，中国进步的青年想从国际新思潮中，找到变革自己国家的道路。而去法国这个巴黎公社的故乡则可以距离更近地考查和学习革命经验。这是当时更为深刻的历史原因。

　　有人粗略统计过，1919年至1920年，中国有近1600人赴法勤工俭学。其中尤以四川、湖南两省人数最多。许多知名人士就是在这一时期去的法国。其中蔡和森举家赴法留学，包括他的妹妹蔡畅、妻子向警予、54岁的母亲葛健豪，一时传为美谈；著名教育家徐特立，年过40，也赴法勤工俭学，勤学报国的志向令人景仰。

　　1920年底周恩来到达法国，钻研比较了各种学说之后，对马克思列宁主义的信仰就更加坚定了。1921年1月30日，他在巴黎给表兄陈式周写了一封信，讲道：

"若在吾国，则积弊既深，似非效法俄式之革命，不易收改革之效。"选择俄国十月革命的道路变革旧中国，已经成为他坚定的信念。这一时期他把自己的政治见解以书信的方式与国内的战友——觉悟社伙伴们交流，他明确地表达了自己对共产主义的坚定信仰，"当信共产主义的原理和阶级革命与无产阶级专政两大原则，而实行的手段则当因时制宜"。他以《誓言》的形式，郑重表示："我认的主义一定是不变了，并且很坚决地要为他宣传奔走。"

1921年周恩来加入了中国共产党，1922年6月，周恩来和赵世炎等组建旅欧中国少年共产党（后改名为中国共产主义青年团旅欧支部）。1923年2月，周恩来当选旅欧中国共产主义青年团执行委员会书记。他在政治上选择了为之奋斗终生的道路，生活中也开始寻觅志同道合的伴侣。

他认定了曾经在五四运动中并肩作战，同为天津学生运动领袖，思维敏捷、充满革命热情、勇敢坚定的邓颖超为自己理想的意中人。而1924年1月，邓颖超参与组建了天津中国共产主义青年团，1925年3月转为中国共产党党员。此后从法国塞纳河畔到中国渤海之滨，鸿雁传书的两个年轻人，确立了共同的革命理想，也收获了甜蜜纯洁的爱情。有一天，周恩来把印有李卜克内西和卢森堡的明信片寄给邓颖超，并在明信片上写下了"希望我们两个人，将来也像他们两个人那样，一同上断头台"。这样特别的爱情誓言得到了回应，"愿为革命而死，洒热血、抛头颅，在所不惜"。

两心若相知，天涯可比邻。正如邓颖超回复周恩来的信件中所言，我们思想相通，心心相印，愿相依相伴，共同为共产主义理想奋斗终生！在激情燃烧的法兰西岁月，周恩来选择了为之奋斗终生的共产主义事业，成长为革命家；也找到了理想的革命伴侣，成就了长达半个世纪感人至深的旷世情缘。

附一

李大钊：创造青春之中华

我觉得人生求乐的方法，最好莫过于尊重劳动。一切乐境，都可由劳动得来，一切苦境，都可由劳动解脱。

人类的生活，必须时时刻刻拿最大的努力，向最高的理想扩张传衍，流传无穷，把那陈腐的组织、腐滞的机能一一地扫荡摧清，别开一种新局面。

为世界进文明，为人类造幸福，以青春之我，创建青春之家庭，青春之国家，青春之民族，青春之人类，青春之地球，青春之宇宙，资以乐其无涯之生。

青年之文明，奋斗之文明也，与境遇奋斗，与时代奋斗，与经验奋斗。故青年者，人生之王，人生之春，人生之华也。

青年之字典，无"困难"之字，青年之口头，无"障碍"之语；惟知跃进，惟知雄飞，惟知本其自由之精神，奇僻之思想，锐敏之直觉，活泼之生命，以创造环境，征服历史。

附二

毛泽东在纪念五四运动
胜利二十年周年时对青年的讲话

（一九三九年五月一日）

二十年前的五四运动，表现中国反帝反封建的资产阶级民主革命已经发展到了一个新阶段。五四运动的成为文化革新运动，不过是中国反帝反封建的资产阶级民主革命的一种表现形式。由于那个时期新的社会力量的生长和发展，使中国反帝反封建的资产阶级民主革命出现一个壮大了的阵营，这就是中国的工人阶级、学生群众和新兴的民族资产阶级所组成的阵营。而在"五四"时期，英勇地出现于运动先头的则有数十万的学生。这是五四运动比较辛亥革命进了一步的地方。

中国资产阶级民主革命的过程，如果要从它的准备时期说起的话，那它就已经过了鸦片战争、太平天国战争、甲午中日战争、戊戌维新、义和团运动、辛亥革命、五四运动、北伐战争、土地革命战争等好几个发展阶段。今天的抗日战争是其发展的又一个新的阶段，也是最伟大、最生动、最活跃的一个阶段。直至国外帝国主义势力和国内封建势力基本上被推翻而建立独立的民主国家之时，才算资产阶级民主革命的成功。从鸦片战争以来，各个革命发展阶段各有若干特点。其中最重要的区别就在于共产党出现以前及其以后。然而就其全体看来，无一不是带了资产阶级民主革命的性质。这种民主革命是为了建立一个在中国历史上所没有过的社会制度，即民主主义的社会制度，这个社会的前身是封建主义的社会（近百年来成为半殖民地半封建的社会），它的后身是社会主义的社会。若问一个共产主义者为什么要首先为了实现资产阶级民主主义的社会制度而斗争，然后再去实现社会主义的社会制度，那答复是：走历史必由之路。

中国民主革命的完成依靠一定的社会势力。这种社会势力是：工人阶级、农民阶级、知识分子和进步的资产阶级，就是革命的工、农、兵、学、商，而其根本的革命力量是工农，革命的领导阶级是工人阶级。如果离开了这种根本的革命力量，离开了工人阶级的领导，要完成反帝反封建的民主革命是不可能的。在今天，革命的根本敌人是日本帝国主义和汉奸，革命的根本政策是抗日民族统一战线，这个统一战线的组织成分是一切抗日的工、农、兵、学、商。抗日战争最后胜利的取得，将是在工、农、兵、学、商的统一战线大大地巩固和发展的时候。

在中国的民主革命运动中，知识分子是首先觉悟的成分。辛亥革命和五四运动都明显地表现了这一点，而五四运动时期的知识分子则比辛亥革命时期的知识分子更广大和更觉悟。然而知识分子如果不和工农民众相结合，则将一事无成。革命的或不革命的或反革命的知识分子的最后的分界，看其是否愿意并且实行和工农民众相结合。他们的最后分界仅仅在这一点，而不在乎口讲什么三民主义或马克思主义。真正的革命者必定是愿意并且实行和工农民众相结合的。

五四运动到现在已有了二十个周年，抗日战争也快到两周年了。全国的青年和文化界对于民主革命和抗日战争负有大的责任。我希望他们认识中国革命的性质和动力，把自己的工作和工农民众结合起来，到工农民众中去，变为工农民众的宣传者和组织者。全国民众奋起之日，就是抗日战争胜利之时。全国青年们，努力啊！

第四章

在思想的旗帜下——科学家的共和国之恋

科学没有国界，但科学家有自己的祖国。在爱国主义思想的旗帜下，优秀的知识分子谱写了一曲动人的"共和国之恋"。

他们是时代楷模，是民族最闪亮的坐标。他们创造的中国奇迹，让中国梦更辉煌。

新时代的闪亮坐标

——科学家黄大年

"轻轻的我走了，正如我轻轻的来。"

7年前，迎着飘飞的雪花，他从剑河之畔回到北国春城，只为赴一个与祖国的约定。

7年后，依旧是大雪纷飞，这个像转子一样超速运转的人，在58岁的盛年猝然离世。唯留一段传奇，震撼世间心灵。

他的回国，能让某国的航母演习整个舰队后退100海里。

他的回国，加速推动中国深部探测事业用5年时间走完了发达国家20年的道路！

黄大年——

当人们含着热泪传颂这个名字的时候，他已经永远闭上了双眼。

有人说他是大地的儿子，因为他一生与地球物探相连。

有人说他是璀璨的流星，那燃烧的生命之火，仍在大地深处，漫散炽热。

铮铮誓言——振兴中华乃我辈之责

"人的生命相对历史的长河不过是短暂的一现，随波逐流只能是枉自一生，若能做一朵小小的浪花奔腾，呼啸加入献身者的滚滚洪流中，推动人类历史向前发展，我觉得这才是一生中最值得骄傲和自豪的事情。"

——黄大年

这段发自肺腑、激情澎湃的文字，来自黄大年的入党志愿书，这份入党志愿书如今仍完好无损地保存在吉林大学的档案馆内。黄大年的一生，始终践行着"愿做一朵小小的浪花……推动人类历史向前发展"的铮铮誓言，将自己所有的光和热，无私地奉献给了祖国和人民。然而，2017年1月8日，黄大年却由于过度劳累而骤然逝世。自此，科学星空中的一颗璀璨的巨星悄然陨落。

斯人已逝，幽思长存。怀着无限的思念和崇敬，我们一起来回顾他辉煌而短暂的人生历程。

1958年，黄大年出生在广西南宁的一个知识分子家庭，他从小就对科学知识有着深切的渴望。高中毕业后，17岁的黄大年到地质队参加工作，因踏实肯干、反应机敏，被地质队挑选为物探操作员，开启了他人生中第一次与航空地球物理的亲密接触。"那时候的工作充满风险，为采集到关键数据，进行有人机操作，有的同事还牺牲了生命。我额头上的疤痕就是那时留下的。"黄大年生前回忆青年时的情景，感慨万千。

1977年，国家恢复高考，黄大年得知这个喜讯时，

图34 1981年黄大年（最后排右一）的长春地质学院毕业合影。

欣喜万分。他白天翻山越岭忙勘探，晚上点灯熬夜苦读书，虽然每天精疲力竭，但高考是他屹立不倒的精神支柱，支撑着他一直走下去。高考时，他走了近一天的山路才走到考点，过程中的艰辛可想而知。当时19岁的黄大年向高考这个"考官"交了一份满意的答卷，以优异的成绩考入长春地质学院应用地球物理系。在其给同学的毕业赠言册上，黄大年郑重写下了"振兴中华，乃我辈之责！"的铮铮誓言。

图35　黄大年对同学的毕业赠言

1992年，黄大年怀揣着"为中华之崛起而读书"的理想，负笈求学海外18年。在前往英国利兹大学深造的离别时刻，黄大年意气风发地对同学说："等着我，我一定会把国外的先进技术带回来。"漂洋过海，黄大年在英国攻读博士的同时，也从事地球物理研究工作，成为这个领域研究高科技敏感技术为数不多的华人之一。

1950年2月，华罗庚在归国途中所写的《致中国全体留美学生的公开信》中说："朋友们，我们都在有为之年，如果我们迟早要回去，何不早回去，把我们的精力都用之于有用之所呢？总之，为了抉择真理，我们应当回去；为了国家民族，我们应当回去；为了为人民服务，我们也应当回去……为我们伟大祖国的建设和发展而奋斗！"近代以来，一批又一批出去又归来的仁人志士，用自己的专业"画笔"，在中国革命、建设和改革的历史画卷中留下了浓墨重彩的一笔。钱学森、邓稼先、黄大年、南仁东……在祖国最需要的时刻，毅然决然回国，呕心沥血、昼夜不分地忘我工作，为祖国的快速发展做出了重大贡献。

"我的归宿在中国""我一定会回来的。"2009年4月，当得知国家正式启动"海外高层次人才引进计划"时，黄大年放弃国外的高薪工作，毅然决然地登上了回国的班机。"我觉得对我来说很简单，简单的根源就是情结问题，惦记着养育我成长的这片土地。我们国家从一个大国向一个强国迈进的过程中，需要很多像我这样的人回来参与建设。"黄大年教授生前接受采访时说道。

回国后的第6天，黄大年与吉林大学签下全职教授合同，成为第一批回到东北发展的国家"千人计划"专家。他带着先进技术，重点攻关国家急需的"地球深部探测仪器"。这种设备就像一只"透视眼"，能"看清"

深层地下的矿产、海底的隐伏目标，对维护国土安全具有重大价值。而这样的高端装备，国外长期对华垄断或封锁。作为地球深部探测计划的重要部分，探测技术装备必须突破发达国家的技术封锁。回国后的黄大年，一天都没有歇息，带领研究团队从零开始，夜以继日地研究科研项目，攻克技术难关。有着"拼命黄郎"绰号的他，在7年的科研时间里，像一枚超速运转的转子，围绕着科技兴国这根主轴，实现了祖国科学技术上的多处"弯道超车"。

图36　黄大年（左二）带领科研团队成员研究问题

7年间，黄大年带领400多名科学家创造了多项"中国第一"，为我国"巡天探地潜海"填补多项技术空白。以他所负责的第九项目"深部探测关键仪器装备研制与实验"的结题为标志，中国"深部探测技术与实验研究"项目5年的成绩超过了过去50年的成绩，深部探测能力已达到国际一流水平，部分领域处于国际领先地位……

然而，在祖国的科技飞速进步的时候，"拼命黄郎"的生命指针却在58岁的节点戛然而止。

黄大年曾在微信朋友圈里这样说："我是活一天赚一天，哪天倒下，就地掩埋……"他为什么这么惜时不惜命？

著名科学家施一公最了解这位老友，他曾说："在科学的竞跑中，任何取得的成绩都将马上成为过去，一个真正的科学家总会有极其强大的不安全感，生怕自己稍微慢一步就落下了。"

中科院地质地球物理所副所长杨长春说："你可以把它理解成一种追求事业和梦想的常态，他努力想超越最先进的成果，他就得加班加点地付出。他要不断地去破除、否定、推倒自己已有的东西，才能一点一点地提高、赶超。"

也许，正是这种"不安全感"和"追求事业和梦想"的本能，成为黄大年老师拼命工作的动力来源，更是"振兴中华，乃我辈之责"的初心，让黄大年老师的生命始终为了中国梦热情澎湃！

碧血丹心——位卑未敢忘忧国

"生如夏花之绚烂，死如秋叶之静美。"

黄大年，怀揣着"振兴中华，乃我辈之责"的理想，远赴重洋艰苦求学18年；怀揣着"科学无国界，科学家有祖国"的信仰，在祖国需要的时刻回归故里；怀揣着"我是活一天赚一天，哪天倒下，就地掩埋……"的信念，散发出所有的光和热，直至生命的最后一刻。

"位卑未敢忘忧国"，这就是"拼命黄郎"黄大年！

　　学习黄大年，就是要学习他热爱祖国、为祖国和人民甘愿奉献的赤子情怀。父辈们的祖国情结，伴随着黄大年的成长、成熟和成才，并左右着他一生中几乎所有的选择，这就是祖国高于一切。在祖国最需要的时刻，黄大年毅然决然地放弃国外优渥舒适的生活，回到祖国母亲的怀抱。他一点都不想等到叶落了才归根，只想把他的所学交付给祖国。他说："我和祖国从来没有分开过，只要祖国需要，我就义无反顾。"不给自己留任何退路，黄大年迅速辞掉工作、卖掉别墅、办理好回国的手续。他的妻子也以便宜的价格处理了自己的两个诊所，夫妻携手踏上了回国的征程。回国后的黄大年，带领研究团队从零开始，忘我地工作，完全进入了"拼命黄郎"的模式。为祖国科技事业"甘为孺子牛"的7年里，黄大年只顾祖国科技事业发展的"加速度"，却从不顾自己一点点被病魔吞噬的身体。

　　学习黄大年，就要学习他对工作恪尽职守、创新创造的崇高精神。吉林大学地球探测科学与技术学院院长刘财教授回忆说："黄老师就没有提一个钱字，但是就强调他在国外做的高精尖的这种科研工作，以及这种工作回到国内来怎么开展。"回国后的黄大年，不谈钱，不为权，一心一意扑在科研工作上。在黄大年的办公室里，一张巨大的表格覆盖整面墙甚至延展到天花板，这是一张密密麻麻的日程表：赴西北地区指导地方科技建设；到发达地区指导经济转型；在省内部分地区调研地方产业转型；为国家"千人计划"、教育部"长江学者奖励计划"评审……拿命在做科研的黄大年，带领团队在科学界搅起一片涟漪，在航空地球物理领域取得一系列卓越成就，抢占国际前沿科技制高点。黄大年说："中国要由大国变成强国，需要有一批'科研疯子'，这其中能有我，余愿足矣！"他确确实实做到了。

黄大年用他的赤子之心和家国情怀，成为新时代"最可爱的人"！

大千世界，浩瀚长空，全纳入赤子心胸。"若能做一朵小小的浪花奔腾，呼啸加入献身者的滚滚洪流中，推动人类历史向前发展，我觉得这才是一生中最值得骄傲和自豪的事情。"这不仅是黄大年的夙愿，更是他人生的真实写照。对于黄大年而言，奉献是始终不变的追求，奋斗是生生不息的动力，鞠躬尽瘁为国为民是不可动摇的信仰。不论树的影子有多长，根永远扎在土里。回顾黄大年短暂的58年的生命历程，他始终怀揣着"为国担当……我是国家培养出来的"这样的报国之心，始终澎湃着"祖国高于一切"的赤子情怀，始终践行着"愿做一朵小小的浪花奔腾，推动人类历史向前发展"的铮铮誓言，他用切实的行动，在人们心中树立起

图37　黄大年和他的学生们

一座巍然屹立的精神丰碑。

泰戈尔说，"天空没留下翅膀的痕迹，但我已飞过"。斯人已逝，但未竟的事业仍在继续，"黄老师倾尽毕生心血的地球探测项目还在继续，我们时刻都在怀念他，他的为人处世永远值得我们学习。"吉林大学地球探测科学与技术学院教授、黄大年生前助手于平说道，"我们只想全力以赴把研究工作推进下去。黄老师生前十分低调，一心扑在科研上，我觉得只有做出成绩才是对他最好的纪念。"黄大年的生平事迹令人动容。他虽已走远，但他又从未离去。他的精神，像一座永不熄灭的灯塔，照亮着无数人砥砺前行的道路。

习近平总书记于2017年对黄大年同志先进事迹作出重要指示指出，"黄大年同志秉持科技报国理想，把为祖国富强、民族振兴、人民幸福贡献力量作为毕生追求，为我国教育科研事业做出了突出贡献，他的先进事迹感人肺腑"。

习近平总书记还强调，"我们要以黄大年同志为榜样，学习他心有大我、至诚报国的爱国情怀，学习他教书育人、敢为人先的敬业精神，学习他淡泊名利、甘于奉献的高尚情操，把爱国之情、报国之志融入祖国改革发展的伟大事业之中、融入人民创造历史的伟大奋斗之中，从自己做起，从本职岗位做起，为实现'两个一百年'奋斗目标、实现中华民族伟大复兴的中国梦贡献智慧和力量"。

有信仰的人讲信仰

——红色理论家郑德荣

六十七载如一日，一生只做一件事，他是著名中共党史学家，马克思主义中国化研究的重要开拓者和奠基人。

"一生的追求，就是把自己所学贡献给党和国家。"他是"红色理论家"，一生致力于传承红色基因，立德树人。

"读马克思主义经典，悟马克思主义原理"，他把个人融入时代，将信仰融入生命，他一生在学术中探索，矢志不渝传播科学真理。

用一生书写信仰，他就是郑德荣。

　　这位中国共产党优秀党员，全国优秀教师，毛泽东思想研究专家和马克思主义理论家，东北师范大学荣誉教授、博士生导师、原副校长，2018年5月3日因病在长春逝世，享年92岁。

　　斯人已逝，我们沉痛悼念郑老先生，我们深切缅怀郑老先生。

图38　郑德荣雕像

不忘初心、矢志不渝

"我的人生意义和价值是：科研成果启人心智、服务人民、资政育人。"

"我的治学理念是：理想、勤奋、毅力、进取，严谨求实、探索创新。"

——郑德荣

1926年1月，郑德荣出生于"东北沦陷区"的吉林延吉。少年时期的他，目睹了日本侵略者的惨无人道，切身体会到了沦陷区百姓的痛苦不堪，深刻认识到中国救亡图存的迫在眉睫。在东北大学求学期间，他与马克思列宁主义结缘，这让他看到了真理的光芒给中华民族带来的希望，从那时起，研究党史就成了郑德荣想要毕生坚守的理想信念。

"一开始接触马克思列宁主义，我就坚信不疑了。我一定要站在真理这一边！"对真理的热情和渴求，让郑德荣始终坚持"在马言马、懂马信马、传马护马"，他一生都致力于中共党史、毛泽东思想、马克思主义中国化、中国特色社会主义理论体系等诸多领域的教学和研究，出版了多部著作，发表了多篇论文，在学术领域成绩斐然，在国内外学术界享有崇高声望。

图39　郑德荣著作

　　郑德荣学术成果丰硕，多项研究成果填补了学术领域的空白，匡正了传统学术观点。郑德荣出版的多部著作影响深远，其中，他与人合著的《毛泽东思想史稿》一书，是第一部系统研究毛泽东思想的专著，开创了毛泽东思想史科学体系的先河；他主编的《毛泽东思想概论》是改革开放后最早创立概论体系的一部著作，在"延安时期"的时限问题上具有独到见解，至今仍被各大高校和中央党校所采用。郑德荣主编的多部教材，被教育部推荐为全国高校文科通用教材。他曾受教育部委托，主编了4部重要教材：被教育部推荐为全国高校文科通用教材的《中国共产党历史讲义》、被教育部推荐为全国高师院校专用教材的《中国革命史教科书》、全国卫星广播教材《中共党史教程》、属于国家教委"七五"文科教科书编选计划项目，并由高等教育出版社面向全国征订的教材《国共政权十年对峙史》。郑德荣发表的多篇优质文章，主题主要是围绕毛泽东思想、邓小平理论、"三个代表"重要思想、科学发展观、习近平新时代中国特色社会主义思想、共产国际与中国革命、中国革命若干问题等多个方面进行深入研究与探讨。

"认真研究近现代历史发展规律，特别是我们党领导革命、建设的丰富的历史经验，很好地来学习和发扬党的优良传统，发挥中共党史'资政育人'的功能。"这位终身坚守马克思主义信仰、对党和国家的事业无限忠诚的优秀共产党员，秉持着为党工作的意识，从党的立场出发，肩负着强烈的政治责任感，将"资政育人"的使命贯彻到终身的学术事业当中。无论时代风云如何变幻，他始终为党发声，引领社会思潮，真正做到了

"一生的追求，就是把自己所学贡献给党和国家"。"红色理论家"这一称号，郑德荣当之无愧！

老骥伏枥，志在千里

60岁，在大多数人心目中，是该颐养精神、安度晚年的年岁，是该含饴弄孙、养花遛鸟的年岁。然而，年满60岁、从校领导岗位上退下来的郑德荣，以60岁作为一个新的起点，在工作上严谨求实、探索创新；在教学上培育后学、资政育人；在生活上艰苦朴素、勤俭节约。他将"理想、勤奋、毅力、进取"作为自己的座右铭，在"路漫漫其修远兮"的人生道路上"上下而求索"，新见迭出，成果斐然。

年逾六旬的郑德荣当时给自己立下了宏愿："我退下来后，要用10年时间，也就是到我70岁的时候，培养出10个博士，出版10部专著。"时光若白驹过隙，30多年过去了，郑德荣已经超额完成了这些当年看似不可能的"规划"，培养博士生的数量是计划数的近5倍，出版专著的数量是计划数的4倍，此外还发表了200余篇学术论文。仅仅是在80岁到90岁的10年间，郑德荣出版的个人专著就达5部之多，而且他还负责国家项目3项，发表论文70余篇。

图40　郑德荣（左二）工作中

　　硕果累累的科研成果背后，是一个马克思主义信仰者坚定不移的信念。郑德荣谈道："我想研究中共党史这个学科的特殊性，就规定要求你必须在政治上有坚定理想信念，在思想道德上必须有高尚情操，否则的话你不配为中共党史的一个教师，你也不配为研究毛泽东思想的人。"从教67年来，郑德荣立德树人，传道授业，引导学生坚定马克思主义理想信念。在每一届学生的第一堂课上，他教授给学生的并不是专业知识，而是对学生进行思想政治教育，要求学生牢固树立马克思主义世界观、人生观和价值观，教导学生考虑问题要从马克思主义的立场、观点和方法出发。郑德荣作为中共党史研究的一面旗帜，始终站在党的立场上，把传扬红色理论作为自己的责任和使命。

丰厚斐然的学术成就背后，是一位耄耋老人缠绵病榻却仍坚持学术工作的恪尽职守。2012年末，郑德荣接受了结肠癌的手术，由于同时患有糖尿病，伤口极难愈合。整个2013年期间，郑德荣每周定期去医院换药，为了不影响大脑思考，每次换药都不用麻药，硬挺着换药带来的苦痛。晚年被多种疾病缠身的郑德荣，依旧奋斗在治学和科研上，研讨国家课题和教育教学问题；依旧兢兢业业地指导学生的论文，和学生交流新的见解和看法。在病逝的前两天，躺在病床上的郑德荣还在听取学生学习习近平新时代中国特色社会主义思想的心得体会。在病逝当天，郑德荣没有留下任何关于家事的遗言，唯一的遗嘱是："要不忘初心，坚持马克思列宁主义！"这位耄耋老人在生命的最后一刻，心中念念不忘的仍然是他毕生热爱的党的事业，是他终身信仰的马克思主义真理。

红色基因代代相传

"党史研究是人们坚定理想信念、增强'四个自信'的需要，是巩固党的执政地位、提高党的领导水平和执政能力的需要，是巩固马克思主义在意识形态领域的指导地位、培育和践行社会主义核心价值观的需要，是实现民族伟大复兴中国梦的需要。"这是几年前，郑德荣在接受《吉林日报》专访时，对自己倾注一生的党史研究的意义和价值作出的阐释。

尽管这位将终身奉献给马克思主义研究和宣传事业的老师走了，尽管这位在耳顺之年立下"宏愿"并超额完成的老师走了，尽管这位为国家培育无数优秀党史工作者的老师走了，尽管这位在病危时刻还一心想去参加马克思诞辰200周年研讨会的老师走了……但是，他热爱并为之奋斗终生的事业仍在继续，他资政育人、坚定理想信念的精神仍在流传。

郑先生去世后，东北师范大学政法学院大三学生刘强在微信朋友圈中写了这样一段话："我觉得对先生最好的纪念就是把他未竟的宏愿传承发扬下去，也就是推动毛泽东思想和新时代中国特色社会主义事业研究的发展，把这个作为我们思想上的一种武器，去武装自己，把马克思主义中国化这一系列的理论成果传承下来。"

学习郑德荣，就要学习他坚定不移的理想信念。泰戈尔说，"信念是鸟，它在黎明仍然黑暗之际，感觉到了光明，唱出了歌。"出生于战乱年代的郑德荣，机缘巧合之下与马克思列宁主义结缘，"一开始接触马克思列宁主义，我就坚信不疑了。我一定要站在真理这一边！"对真理的渴求，对科研的执着，让郑德荣坚定了自己的马克思主义信仰，并终身与之相伴。细数郑德荣的一生，92岁的生命历程，他经历了民族的苦难，目睹了革命的艰辛，见证了中国的崛起，期待着伟大的复兴。67年的学术生涯中，他与马克思列宁主义为伍，与毛泽东思想、邓小平理论、"三个代表"重要思想做伴，和习近平新时代中国特色社会主义思想共舞。郑德荣立足于中国共产党的立场，始终高举旗帜跟党走，为马克思主义事业研究和宣传散发所有的光和热。郑德荣，不忘初心、矢志不渝的"红色理论家"，是党性原则和科学追求完美结合的光辉典范。

学习郑德荣，就是要学习他对党的事业无限忠诚的情怀。"才者，德之资也；德者，才之帅也。"郑德荣从教67年来，始终坚守在教学的第一线，培育后学、为人师表、甘为人梯，把自己的所思所想、所学所得毫无保留地全部传授给学生，为国家培育了一批批对党忠诚、为党分忧、为党尽职、为民造福的人才。"要尽职尽责地培养高质量的人才，我自身就必须孜孜不倦，不断上进。"这是郑德荣常常挂在嘴边的话，更是他一生锲而不舍、驰而不息，始终坚守在马克思主义教育前线的不竭动力。

学习郑德荣，就要学习他终身学习、学无止境的品质。耳顺之年再出发，在本该颐养天年的年岁，却立下"宏愿"，选择继续为马克思主义事业奋斗。在退休后的三十年间，新见迭出，新作频现，超额完成当初的"宏愿"。在鲐背之年，郑德荣凝聚毕生学术智慧和心血，出版了系统阐释毛泽东思想、马克思主义中国化、中共党史若干问题的三部纵横观著作。他把坚定信仰融入学术，把资政育人融入教学，把不忘初心融入生命，生命不息，奋斗不止，以顽强的毅力勇攀学术高峰，以不懈的精神畅游知识海洋，终生致力于中共党史学科的建设和发展。

"乐以终身治学科研，悦以毕生授业解惑"。郑德荣的一生，是"在马言马、懂马信马、传马护马"的一生，他身体力行地诠释了马克思主义真理的伟大，彰显了一名马克思主义者的高尚情怀。

郑德荣走了，但留给我们的是无尽的精神财富。他高尚的品格仍在流传、未竟的事业仍在继续，我们要继承郑德荣未竟之宏愿，为推动我国党史研究和新时代中国特色社会主义的发展而不懈努力。

宇宙深处的东方巨眸

——"天眼之父"南仁东

"美丽的宇宙太空，以它的神秘和绚丽，召唤我们踏过平庸，进入它无垠的广袤。"浩瀚星空、广袤苍穹，自古以来寄托着人类的科学梦想。在贵州省平塘县的喀斯特洼坑中落成的500米口径球面射电望远镜（Five-hundred-meter Aperture Spherical Telescope，简称FAST）——"中国天眼"，带领人们开启了探索浩瀚宇宙的神奇之旅。

FAST是由中国科学院国家天文台主导建设的、具有我国自主知识产权、世界最大单口径、最灵敏的射电望远镜。被誉为"中国天眼"的它，可在夜空中观测到1000万光年外的外层空间。南仁东曾在接受电视台采访时说:"宋朝时代,1054年我们(宋朝的天文学家)观测到了一个客星,突然,天空大放光芒,实际就是一个超新星。这个望远镜开光之后,可能我们选的第一个目标,就是看一眼那个东西,这就是现代、未来和我们久远的历史之间的关联。""中国天眼"的出现,注定要为世界的天文学带来新发现。

图41 群山之中的FAST工程

巍峨矗立在贵州山区之中的FAST,将硕大的"天眼"遥遥指向苍穹深处,窥探星际之间的互动信息,搜寻可能存在的星外文明。从预研到建成历时22年的"中国天眼"，就像南仁东辛苦拉扯大的孩子，承载着南仁东和无数团队成员的心血和汗水。

关于"FAST"的那些事

在1993年的国际无线电联盟大会上，包括中国在内的10个国家的天文学家提出建造新一代射电"大望远镜"的计划，希望在电波环境被彻底毁坏之前，回溯原初宇宙，解答宇宙学的众多难题，建造FAST的动机肇始于此。

建设FAST的理想台址是在大山深处、远离电磁干扰的山谷洼地。为了寻找合适的台址，南仁东老师带着300多幅卫星遥感图，12年翻山越岭，几乎走遍了中国西南的所有大山，踏遍了大山里的所有洼地，只为FAST寻找独一无二的"家"。经过多年坚持不懈的探索，FAST终于落户于贵州山区。贵州喀斯特洼坑提供的天然条件，有效减轻了工程量，也是中国大射电望远镜成为最独特的、世界最大最强的射电天文望远镜的基础。

图42　南仁东

　　没有南仁东，很难想象"天眼"会伫立于世。20多年来，从FAST的选址、立项、可行性研究，到指导各项关键技术的研究以及模型试验，南仁东为"天眼"着了魔，把毕生精力毫无保留地献给它。8000多个日日夜夜，FAST就像南仁东亲手拉扯大的孩子，他主导和参与解决了FAST的每一个工程难题，带领"中国天眼"工程团队渡过了一次又一次危机。

　　FAST是世界上单口径最大的射电天文望远镜，蕴含着多项高新技术和创新之处。其一，利用天然喀斯特巨型洼地作为望远镜台址，使得射电望远镜建设突破百米极限；其二，自主发明主动变形反射面，在观测方向形成300米口径瞬时抛物面汇聚电磁波；其三，自主提出轻型索拖动馈源支撑系统和并联机器人，实现望远镜接收机的高精度指向跟踪。

　　"天眼"的建成，彰显了国家科学技术的突飞猛进。耗时22年建成的"天眼"，反射面积25万平方米，约为30个标准足球场的面积之和，庞大的身躯整整填满了一个巨大的圆形山坳。"天眼"虽然巨大，却具有极高的灵敏度，据《贵州日报》报道，"中国天眼"的灵敏度，是号称"地面最大的机器"德国"埃菲尔斯伯格"100米口径望远镜的10倍，是人类20世纪十大工程之首的美国"阿雷西博"300米口径不可动射电望远镜的2.25倍。"中国天眼"的灵敏性主要体现在它会转动，就像我们的眼睛一样，为了捕捉信息而转动。据《解放军报》介绍，"中国天眼"工程的索网结构可以随着天体的移动变化，带动索网上的4450个反射单元在射电源方向形成300米口径瞬时抛物面，从而极大地提升了观测效率。而主动反射面让"中国天眼"拥有更广的观测范围,能覆盖40度的天顶角。

如此迷人的"中国天眼",是中国发展高新技术的惊人突破,更是一个工程奇迹,带领着人们开创天文新纪元。

为"天眼"而生

南仁东,1968年毕业于清华大学无线电系。毕业后在吉林通化市无线电厂做技术员10年,改革开放后考入中国科学院研究生院,师从著名天文学家王绥琯院士,先后获得理学硕士和博士学位。1982年进入中国科学院北京天文台工作,2008年担任中国科学院国家天文台FAST工程总工程师兼首席科学家。

《南村辍耕录》说:"一事精至,便能动人,亦其专心致志而然。"一生只做一件事,做到极致,人生方能璀璨!"时代楷模"南仁东在他人生最后的20多年,只专注做一件事,实现一个梦想,那就是建成直径500米,世界最大最为灵敏的单口径射电望远镜,他用生命铸就了世人瞩目的"中国天眼"!

　　关于FAST的一切，都源自20多年前南仁东心中的一个梦想。1993年，在日本东京召开的国际无线电科学联盟大会，是他梦想开始的地方。当时，与会的外国科学家提出，要建造新一代射电望远镜。以南仁东为首的中国天文学家认为，中国想要在宇宙探索中迎头赶上，从跟跑者成为领跑者，就必须要搞自己的大射电望远镜。当时的中国，最大的射电望远镜口径只有25米，而南仁东立志要建造的是500米口径的射电望远镜。做这个世界上独一无二的项目，挑战的难度可想而知。南

图43 施工中的"中国天眼"

仁东义无反顾地扛起了这个责任，12年夜以继日的跋涉、10余年奔波世界各地的推销、22年艰苦卓绝的坚守，只为建造一个属于中国的大型射电望远镜。南仁东，一位天文学家，从壮年走到暮年，把一个朴素的想法变成了国之重器，把一个当初不被人看好的梦想变成了一个国家的骄傲，成就了中国在世界上独一无二的项目，树起了一座真正的科学丰碑。

生为"天眼"，死得其所。

南仁东的一生，从国家的需要开始，以国家的需要结束，"天眼"项目就像为南仁东而生，燃烧了他最后20多年的人生。南老师的学生甘恒谦说："如果再给他一次机会，是选择'天眼'还是多活10年，他还是会选择'天眼'。"然而，就在历经了22年的风雨，终于向世界睁开"巨眼"的FAST，运行将满一年、首批成果即将出炉的时候，这位将毕生心血都奉献给了"中国天眼"，被尊为"中国天眼之父"的南仁东，却永远地闭上了眼睛。

虽然南仁东的眼睛闭上了，但是中国的"天眼"睁开了！

三十功名尘与土

在南仁东先生只争朝夕的努力下，我们才有幸可以看到"中国天眼"的诞生，他为我国科技事业做出的贡献，用只言片语是无法道尽的。南仁东先生像蜡烛为人类照明那样，有一分热，发一分光，忠诚而踏实地为祖国的科学事业奉献了自己的一生。他是时代的楷模，值得我们所有人向他学习，向他致敬。

学习南仁东，就要有胸怀祖国、服务人民的爱国情怀。南仁东生平最景仰的伟人是"苟利国家生死以"的周恩来总理，在南仁东的人生里，周总理崇高的爱国精神就像一座灯塔，指引他最终成为世界巨匠。"咱们也建一个吧。"这句自己当年说过的话让南仁东把为祖国富强、民族振兴、人民幸福贡献力量作为毕生追求。"老骥伏枥，志在千里；烈士暮年，壮心不已。"48岁那年，当同龄人开始计划个人的退休生活时，南仁东开始谋划国家重大科技基础设施工程；62岁那年，他才盼来项目正式获批；71岁那年，他在生命走向终点前夕等到了项目竣工的隆重时刻。南仁东用一生践行着为国家做贡献的誓言。他入选"2017全球华侨华人新闻人物"的颁奖词这样写道："二十四载年华，八千余日夜，终成观天巨眼；攻坚克难、矢志不渝，他在天文史上镌刻新高度。"

学习南仁东，就要有淡泊名利、忘我奉献的高尚情操。在祖国最需要他的时候，他毅然放弃薪水比国内高300多倍的工作，回国就任中国科学院北京天文台副台长。曾经有人计算过，1994年，在日本担任客座教授的年近50岁的南仁东，待遇要比国内高出许多，当时的他在国外一天的报酬，相当于他在国内一年的工资，而他却毅然决然地回到了祖国，只为了中国自主建造世界一流水平的射电望远镜这个梦想。他一生潜心研究、立足岗位、忘我工作，从不计较个人名利，长期默默无闻地奉献在科研工作第一线。多年来，FAST的创新技术得到了各方认可，获得了各种奖励。然而，南仁东个人得到的荣誉却屈指可数。2017年5月获得"全国创新争先奖章"，这已经是他能"拿得出手"的个人荣誉。南仁东在央视科技创新人物颁奖典礼现场说："这个荣誉来得太突然，而且太沉重。我觉得，我个人盛名之下其实难副。但我知道，这份沉甸甸的奖励不是给我一个人的，是给一群人的"。这番话得到无数网友点赞。"鸟翼系上了黄金，这鸟儿便永远不能再在天上翱翔了"。无论做人还是为官，要有淡泊宁静的心态，正确对待名利地位，正确对待进退留转。仰望星空，淡泊名利，用坚定的毅力追逐梦想。我们要学习南仁东老师的精神，像他一样为了事业磨炼意志，砥砺前行，耐得住寂寞，守得住清贫。

学习南仁东，就要有真诚质朴、精益求精的杰出品格。"南仁东是个不唯上只唯实的人。"通化市无线电厂与南仁东一起工作过的老人陆炳强回忆说，当年厂里决定减产计算机，提高收音机产量，只有南仁东站出来提出反对意见，他认为计算机对于国计民生意义更深远，应该把眼光放长远，着眼大局。"有一次我问他，为什么反射面周围的六座百米支撑塔要等间距排布，打乱排不是能减少很多工作量吗？结果他就一句话，'那样不好看'。别看他忙，但做PPT特别讲究。"FAST工程副经理张蜀新回忆说。实现伟大梦想、推进伟大事业说到底是要一件事情接着一件事情做好干成才行。要做好每一件事情，就要有精益求精的精神，就要遵循实事求是的原则，就要真诚质朴毫无保留地向组织提出我们个人的意见和看法。中国科学院上海天文台硕士研究生邓涛说，从南仁东老师这里，他感受到奉献的意义，把自己的人生追求与国家需求结合起来，将会达到更高层次的人生境界，也能体会到更深的幸福感。同时，他表示自己在南仁东老师精神的鼓舞下，"在科学研究上，要坚持精益求精，不逃避困难，力求最完美地实现科研目标。"

图44　南仁东（中）在贵州省黔南州平塘县大窝凼施工现场与工程技术人员在一起

22年来，南仁东只专心于FAST项目这一件事。所有的坚持和付出，为的就是创造一个最大、灵敏度最高的"中国天眼"。为了这个目标，他舍小家、顾大业，跋山涉水，寻遍了贵州大山深处上百个窝凼；为了这个目标，他发挥"学霸"特质，打破"术业有专攻"的局限，研究天文、无线电、金属和力学，"把世界都装在心里"。他的执着和不懈努力，让中国攀上了世界天文科研的高峰。

一桥飞架伶仃洋

──大国工匠孟凡超

"辛苦遭逢起一经，干戈寥落四周星。山河破碎风飘絮，身世浮沉雨打萍。惶恐滩头说惶恐，零丁洋里叹零丁。人生自古谁无死？留取丹心照汗青。"这首慷慨激昂的《过零丁洋》，将南宋宰相文天祥的爱国情怀抒发得淋漓尽致，千百年来为世人所传颂。诗歌中所提到的"零丁洋"即今我国南海地区的伶仃洋内海水域。

伶仃洋像一道天然的屏障，阻隔了香港、澳门和珠海三地之间的经济往来和交流沟通。被誉为"新世界七大奇迹"之一的港珠澳大桥的落成，为香港、澳门和珠海之间的交通问题，提供了最好的解决方案。

图45　港珠澳大桥

在广阔的伶仃洋上，连接香港、澳门和珠海三地，全程55千米、世界上最长的跨海大桥——港珠澳大桥，像一条巨龙横在海面，眺望着这广阔海域。在这异常壮观的景色背后，凝聚着无数设计者、建造者的多年心血。孟凡超作为港珠澳大桥的总设计师，凭借着吃苦耐劳、拼搏创新的工匠精神，怀揣着报效祖国的家国情怀，率领团队从研究、设计、施工到最终建设完成，历经15年的漫长岁月，建成了交通工程界的"珠穆朗玛峰"，推动了中国桥梁事业的高速发展。

大国工匠

达尔文曾说:"我之所以能在科学上成功,最重要的一点就是对科学的热爱,坚持长期探索。"古人云,"合抱之木,生于毫末;九层之台,起于垒土"。对于孟凡超而言,自己没有什么惊天动地的成功,有的只是坚持初心。可我们知道,一件事坚持做36年,这本身就是一种成功。

孟凡超,1959年出生于四川遂宁的一个教师家庭,从小学习刻苦,聪明伶俐,深得老师的喜爱。加上幸运女神的眷顾,孟凡超赶上了国家恢复高考的机遇,如愿踏入大学的校门。从小生活在涪江边的经历,使得孟凡超对能够跨江渡海的桥梁有着一种特殊的感情,因此他在学习桥梁专业知识时有一种"走火入魔"的感觉。1982年,23岁的孟凡超带领工人创造了38米(当时亚洲第一深度)沉井技术,一时震惊业界,初出茅庐的孟凡超一战成名。然而,突如其来的鲜花和掌声,一度让孟凡超感到迷茫。父亲告诉他,只管做好自己的事就够了。自此，孟凡超坚定选择，沉下心来，埋头于专业技术领域，一干就是36年。

　　孟凡超，与桥结缘40年，他先后主持、组织、参加完成了20多座著名的国家级特大型桥梁的勘察设计，包括厦门海沧大桥、南京长江第三大桥、武汉阳逻长江大桥主桥、青岛胶州湾大桥、钱塘江嘉绍大桥、杭州湾跨海大桥等。他更是港珠澳大桥主体工程的总设计师，从2004年开始可行性研究，到2009年完成主体工程初步设计，再到2012年完成深水区桥梁工程施工图的设计，同时还有8年的配合施工。从研究、设计、施工到最终建设完成，历经15年，他运筹帷幄，带领团队攻克各种世界级难关，并将"四化"——"大型化、工厂化、标准化、装配化"的建设理念赋予了这项超级工程，使港珠澳大桥成为中国工程建设的典范。

港珠澳大桥

　　港珠澳大桥是我国境内一座连接香港、珠海和澳门的桥隧工程，位于广东省伶仃洋海域内，为珠江三角洲地区环线高速公路南环段。2009年12月15日，港珠澳大桥动工建设；2017年7月7日，港珠澳大桥主体工程全线贯通；2018年2月6日，港珠澳大桥主体工程完成验收，于同年9月28日起进行香港、珠海、澳门三地联合试运。

图46 俯瞰港珠澳大桥珠海口岸

港珠澳大桥是一座跨海大桥，总投资1000多亿元人民币。桥主体工程包括跨海桥梁和隧道，以及香港、珠海和澳门三地口岸的人工岛和连接线，全长55千米。位于海中的工程采用大桥和隧道相结合的方案，其中主体桥梁长约22.9千米，海底隧道长约6.7千米。这座大桥是目前世界上最长的跨海大桥，设计使用寿命为120年。现在，坐车跨越伶仃洋只需要半个小时，相比之下，乘船则需要1个小时。

在大桥的建设过程中，科学家和工程师们创造了400多项新专利、7项世界之最，它是世界建筑史上里程最长、投资最多、施工难度最大的跨海大桥。它不仅代表了中国桥梁的先进水平，更是我国国家综合国力的体现。建设港珠澳大桥是我国中央政府支持香港、澳门和珠江三角洲地区城市快速发展的一项重大举措，是"一国两制"下粤港澳密切合作的重大成果。港珠澳大桥被业界誉为桥梁界的"珠穆朗玛峰"，被英国《卫报》评为"现代世界七大奇迹"之一。

港珠澳大桥作为中国从桥梁大国走向桥梁强国的里程碑之作，习近平总书记对它做出了高度评价："港珠澳大桥的建设创下多项世界之最，非常了不起，体现了一个国家逢山开路、遇水架桥的奋斗精神，体现了我国综合国力、自主创新能力，体现了勇创世界一流的民族志气。这是一座圆梦桥、同心桥、自信桥、复兴桥。大桥建成通车，进一步坚定了我们对中国特色社会主义的道路自信、理论自信、制度自信、文化自信，充分说明社会主义是干出来的，新时代也是干出来的!"

《南方日报》对港珠澳大桥也是赞叹不已：作为连接粤港澳三地的跨境大通道，港珠澳大桥也将在大湾区建设中发挥重要作用。它被视为粤港澳大湾区互联互通的"脊梁"，可以有效打通湾区内部交通网络的"任督二脉"，从而促进人流、物流、资金流、技术流等创新要素的高效流动和配置，推动粤港澳大湾区建设成为更具活力的经济区、宜居宜业宜游的优质生活圈和内地与港澳深度合作的示范区，打造国际一流湾区和世界级城市群。

匠人匠心

孟凡超，港珠澳大桥总设计师，全国工程勘察设计大师，中国交通建设股份有限公司副总工程师，中交公路规划设计院有限公司副总经理。从2004年港珠澳大桥可行性研究开始，长达15年对梦想的耕耘与浇筑，他是参与港珠澳大桥项目时间最长的设计者之一。

2018 年 9 月 20 日，"2018 大国匠心致敬礼"在北京举办，孟凡超荣获"2018 年度匠心影响力人物"大奖。在颁奖台上，孟凡超发表感言，"作为桥梁设计工作者，每一座桥就像自己的孩子一样……一定要把它打造得尽善尽美，追求极致、追求精品。"15 年的漫长岁月，港珠澳大桥就像孟凡超辛苦哺育的孩子。对于大桥的每一项规划设计的细节与创新，他都如数家珍。谈起大桥的开通，孟凡超说："不仅要建一座大桥，能跑车的大桥，还要建成一处重要的人文景观。将建筑结构与景观艺术融为一体，实现力与美的完美结合，这是设计的最高境界。"

对什么事情都追求极致和完美，这是孟凡超做事的原则，也是他成功的关键。孟凡超曾评价自己"不太安分，喜欢挑战，有一点追求""一个对专业和事业执着的人，尽管有时不被理解，但会一直坚持，放弃不是我的性格""希望通过自己的努力，使得我国交通建设不断迈向新的高度。"正是这样追求极致和完美，做事精益求精的大国工匠精神，支撑着孟凡超不断攻克技术

图47　孟凡超在建设工地指导工作

难关；正是这样吃苦耐劳、拼搏创新、不懈赶超国际前沿科技的责任担当，鞭策着他和研究团队不断努力，建成了曾经被外国专家断言"中国人无法做到"的超级工程——港珠澳大桥。

工程师林鸣在央视财经《对话》节目中接受采访时，对港珠澳大桥做过这样一个比喻："33节沉管，装上去，对接好，像连续33次考上清华，难度可能还要更高。"面对规模宏大、技术复杂、施工难度高、挑战重重的工程，孟凡超和他的团队不放弃、不退缩，他们用智慧和汗水成就了港珠澳大桥，他们用精益求精的工匠精神浇筑了"大国重器"。什么是工匠精神？孟凡超对此做出阐释，"作为一名新时代工程建设领域的工程师，应该把个人的命运与国家的发展融为一体，通过我们的不断奋斗，实现我们'两个一百年'的宏伟目标。为此，我们应该努力做一名真正的工匠，并拥有一种纯粹的匠心精神。我认为，一名纯粹的工匠，其匠心精神应包含谦虚之心、恒定之心、仔细之心、执着之心，此外，还应具备战胜困难的心，追求品质的心，追求极致的心，百年意识的心，精品意识的心，不断创新的心，不计名利的心。"言出必行，行之必果。孟凡超秉持着科技报国的理想，把专心专注、精益求精、追求极致作为处事原则，将为祖国富强、民族振兴、人民幸福奋斗终生作为毕生追求，为我国桥梁事业的发展做出了重要贡献。

"天下大事，必作于细。"历经15年漫长岁月，坐落于伶仃洋海域上的地标性建筑群港珠澳大桥，创造了400多项新专利，7项"世界之最"。人们在惊叹的同时，也要牢记它的缔造者——无数像孟凡超一样的匠人们。他们用专注的匠心，坚守初心、执着创新，秉持一颗赤子之心，在本职岗位上兢兢业业，将一张张精心创作的图纸，打造成一个个"大国重器"，为中国贡献了一张张闪耀的新名片。

播种希望的"善梦者"

——植物学家钟扬

"超越海拔六千米，

抵达植物生长的最高极限；

跋涉十六年，

把论文写满高原。

倒下的时候，

双肩包里藏着你的初心、誓言和未了的心愿。

你热爱的藏波罗花，

不求雕梁画栋，

只绽放在高山砾石之间。"

——《感动中国》组委会给予钟扬的颁奖词

"雪域高原的精神坐标"钟扬，援藏16年，他用生命寻找种子，用智慧播撒种子，用心血灌溉种子，期望着终有一天，种子会破土发芽、苗壮成长，绽放出绚烂美丽的花朵。

钟扬，为了梦想独自远航的追梦人，他一生的故事，就是一粒种子的故事。

青藏高原的藏波罗花

钟扬，1964年出生于湖北黄冈。少年时期的小钟扬聪明早慧，勤奋刻苦，深受家长和老师的喜爱。1979年，担任黄冈地区招生办副主任的父亲以身作则，不许15岁上高一的儿子提前参加普通高考，钟扬"一气之下"转而报考并考取中国科技大学少年班，实现了自己的大学梦。从无线电专业毕业的钟扬，1984年在机缘巧合下被分配到中国科学院武汉植物研究所工作，自此与植物结下了不解之缘。又因怀有教师情结，他2000年放弃了武汉植物研究所副所长的职位，来到复旦大学生命科学学院成为一名教师，从此为教育事业奉献终生。

在复旦从教的岁月，是钟扬梦想起航的时候。钟扬曾说过："我有许多梦想，它们都在遥远的地方，为了梦想，我独自远航。"到复旦后，他和学院的几位老师一起承担了重建生态学科的使命。他深刻意识到，随着人类活动和环境变化，很多物种濒临灭绝，保存种质资源已经成为一项基础性、战略性的工作。为国家打造生态屏障，建立起青藏高原特有植物的"基因库"，成了他心中的又一个梦。

"世界屋脊"青藏高原，是钟扬追逐梦想的地方。当时，即使在全世界最大的种质资源库中，也没有西藏地区的植物种子，而青藏高原作为全国最大的生物"基因库"，有2000多种特有植物。钟扬作为一名植物学家，深知种子的重要性，于是他踏上了援藏寻找种子的漫漫路程。

因高寒艰险、环境恶劣，很少有植物学家涉足青藏高原，去探寻这座"世界屋脊"的"家底"。钟扬身材胖，血压高，刚到西藏的高原反应特别厉害，头晕、恶心、无力、腹泻等各种问题接踵而至。钟扬开玩笑地说："高原反应差不多有17种，在过去的十几年间，每次我都有那么一两种，头晕、恶心、无力、腹泻都是家常便饭。不能因为高原反应，我们就怕了是吧。科学研究本身就是对人类的挑战。"不管环境如何艰苦和恶劣，高山如何险峻和陡峭，他从不抱怨；不管高原反应多么严重，身体状况多么糟糕，他仍坚持援藏16年。只要国家需要、人民需要，钟扬就一往无前，他不畏艰险探寻"世界屋脊"的植物"家底"，从藏北高原到喜

图48　2017年研究生毕业典礼上藏族学生为钟扬献哈达

马拉雅山区，从阿里无人区到波涛汹涌的雅鲁藏布江江畔，每一处都留下了他的足迹。环境越恶劣的地方，生命力越顽强，钟扬就像深深扎根在青藏高原的藏波罗花，用尽全力顽强绽放。16年光阴，他在雪域高原跋涉50多万千米，收集了1000余个植物物种的4000多万粒种子，占西藏植物物种总数的五分之一，填补了世界种质资源库没有西藏种子的空白。

美国自然保护先锋梭罗曾说："我对种子有莫大的信仰，若让我相信你有颗种子，我就要期待生命显现奇迹。"钟扬就像一粒追梦的种子，他用持久的热情和长期的投入做成了"别人三辈子做的事情"。他帮助西藏大学创造了一个又一个"第一"：申请到了西藏第一个理学博士点，为藏族培养了第一个植物学博士，带出了西藏第一个生物学教育部创新团队，他带领西藏大学生态学科入选国家"双一流"学科建设名单，为西藏生态学的未来发展打下坚实的基础。

然而，2017年9月25日，53岁的钟扬，倒在了为人类寻找种子的路上，他的生命永久地定格在了53岁。

或许，他并未远去。

或许，他已落叶归根。

或许，他如同一粒种子回归了大地母亲的怀抱。

我对这土地爱得深沉

"然而，生命的高度绝不只是一种形式。当一个物种要拓展其疆域而必须迎接恶劣环境挑战的时候，总是需要一些先锋者牺牲个体的优势，以换取整个群体乃至物种新的生存空间和发展机遇。"钟扬曾这样诠释对生命高度的理解。

是的，钟扬就是一位不畏艰辛、追求梦想的先锋者。如果说一定要用一个词来凝练钟扬短暂而又精彩的一生，那无疑是"追梦"二字了。种子，是他的初心；西藏，是他的梦想。16年的援藏生活，他的足迹遍布最荒芜、最偏远的地区。渐渐弯曲的身体，遮不住他研究的热情；艰苦的环境，挡不住他追梦的脚步。在工作日记《藏北的窗》中，钟扬曾有这样一段记录，足见住宿条件之艰辛："半夜，一阵胸闷将我从睡梦中惊醒。我急忙唤醒同屋的博士生老王，说'开点窗吧'，他应声起床。黑暗中，却听'哐当'一声巨响，一股寒风扑面而来——糟糕，老王把整面窗户从二楼推了下去……"苦中作乐的他，把生命最宝贵的时光，献给了祖国最需要的地方。

是的，钟扬是一位勤勤恳恳、永不放弃的先锋者。他曾风趣地说，自己做科研有"新四不像"精神：像狗一样灵敏的嗅觉，把握前沿；像兔子一样迅速，立即行动；像猪一样放松的心态，不怕失败；最后也是最重要的，像牛一样勤劳，坚持不懈。2002年，为了帮助西藏大学的琼次仁老师申报国家自然科学基金，当时的他一边插着氧气管，一边连夜修改申请报告。最终，这个项目成为西藏大学拿到的第一个国家自然科学基金项目。2011年，当学生看到钟扬高原反应严重，嘴唇发乌，连脸都肿了，劝他留在大本营。"我最清楚植物的情况，我不去的话，你们更难找。"钟扬不听学生的劝告，逆风而上，向着珠穆朗玛峰北坡前进，终于，在海拔6100米以上的珠峰北坡上，他带着学生采集到了珍贵的鼠麴雪兔子样本，这是迄今为止中国植物学家采样攀登到的最高点。在这些成绩的背后，藏着钟扬长期不懈的坚持和兢兢业业的努力，是钟扬"新四不像"精神的完美诠释！

图49　钟扬与学生们

是的，钟扬是一位矢志不渝、为祖国奉献一切的先锋者。为了建立种子"基因库"，他忽略了自己的健康，援藏16年；为了西藏地区的科研发展，他放弃了陪伴家人的时光，放弃了参与孩子成长的每一刻。钟扬在突发脑出血苏醒后，第一时间口述记录下一封给党组织的信，信中写道："这十多年来，既有跋山涉水、冒着生命危险的艰辛，也有人才育成、一举实现零的突破的欢欣；既有组织上给予的责任和荣誉为伴，也有窦性心律过缓和高血压等疾病相随。就我个人而言，我将矢志不渝地把余生献给西藏建设事业……"一位院士在追思钟扬时说，他所做的工作不是去办几次讲座，做几个项目，而是沉下心来把在上海、在复旦的科研和学识输送到民族边远地区，深深扎根，矢志不渝。他是真正爱国的，爱她的每一寸土地，正是这种至诚热爱，让他不畏艰险。

"不是杰出者才做梦，而是善梦者才杰出。"追梦人钟扬是这么说的，也是这么做的。他把自己比作裸子植物，像松柏，在艰苦环境中成长，虽慢却遒劲苍翠。

播种了种子就是播种了希望

"一个基因可以拯救一个国家，一粒种子可以造福万千苍生。"这是植物学家钟扬时常挂在嘴边的话语。

种子资源究竟有多重要，值得钟扬耗尽所有的心血去打造"种子方舟"？这个问题让我们一起来思考。纵观世界的发展历程，随着全球气候的变暖，生态环境的破坏，某些植物在生物多样性被了解利用之前就已经灭绝，物种灭绝的速度远超于植物学家对种子和基因的研究速度。钟扬认为，"如果能获得种子，对人类的未来是非常有好处的。种子能为我们提供水果、花卉，更重要的是可以培育出粮食作物。还有更重要的一种作用是医药，很多医药来源于天然作物，比如青蒿素，就提取于一种叫黄花蒿的植物"。因此，建立植物种子的"基因库"，打造"种子方舟"已迫在眉睫。

"种子方舟"，也被称为"末日种子库"，是植物学家们为了维护生物多样性而采取的重要措施，如坐落于北极圈的挪威斯瓦尔巴全球种子库、广泛收集全球种子的英国皇家植物园"邱园"千年种子库、美国国家植物种质系统（NPGS）的种子库。

打造"种子方舟"，可以为国家未来的发展多一重保障，为人民未来的生存增添一丝希望。作为植物学家，钟扬为我国的种子"基因库"做出了不可磨灭的贡献：2005 年在昆明建立的中国西南野生生物种质资源库，是目前亚洲最大的种子库，世界三大种子库之一，钟扬也为它做出了重要贡献；2010 年上海世博会英国馆的种子殿堂，令无数观览者震撼，其中40%的种子是钟扬提供的；为了建立西藏青藏高原的种子"基因库"，他援藏16年，收藏1000余个物种的4000多万粒种子，填补世界种质资源库没有西藏种子的空白。

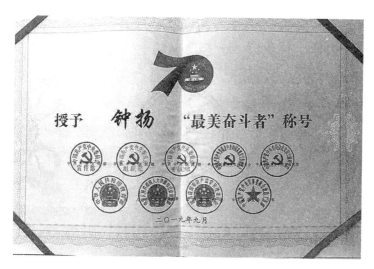

图50　钟扬被授予"最美奋斗者"称号

　　虽然钟扬长期在青藏高原工作，但是他仍然心系上海。上海海滨的那片红树林，就是钟扬留给上海最美的礼物。"南树北移"的艰辛，温度和水分的考验，一次又一次的失败都没让钟扬心灰意冷。经过近8年的培育，新一批千余株红树苗安然度过了上海2015年的冬天。钟扬团队引种的12种红树中，无瓣海桑、秋茄、桐花树等基本适应了上海的气候。钟扬曾说："我的愿望是，50年甚至100年以后，上海的海滩也能长满繁盛的红树，人们提起上海的时候，会毫不吝啬地称其为'美丽的海滨城市'。虽然我看不到这一幕，但上海的红树林将造福子子孙孙，成为巨大的宝藏——这是我们献给未来上海的礼物。"

"任何生命都有其结束的一天，但我毫不畏惧，因为我的学生会将科学探索之路延续。"这是钟扬生前说过的话，如今他虽已离世，但似乎又并未离去，他留下的"种子精神"激励着人们砥砺前行，他留下的每一粒种子都将在未来生根发芽！

实至名归的诺贝尔奖获得者

——药学家屠呦呦

2015年，因发现了青蒿素治疗疟疾的新疗法，她获得了诺贝尔生理学或医学奖，因此出现在大众的视野里，被世人广为熟知。

2019年，她和整个团队的研究不仅解决了青蒿素的抗药性难题，甚至还能使青蒿素用于治疗红斑狼疮——那个与艾滋病齐名，号称"不死癌症"的病症，这是她为医药事业做出的重大贡献。

如今，她入围英国广播公司电视台（BBC）"20世纪最伟大的科学家"，她"打败"了宇宙探秘人史蒂芬·霍金，"打败"了量子力学创始人马克思·普朗克，与爱因斯坦、阿兰·图灵和居里夫人并肩成为"20世纪最伟大的四位科学家"。

所以，我们要牢牢记住这位给无数人带来生的希望的杰出女性，女药学家，中国中医科学院终身研究员兼首席研究员，青蒿素研究中心主任——屠呦呦。

一生只做一件事

"大自然给我们提供了大量的植物资源，医药学研究者可以从中开发新药。中医药从神农尝百草开始，在几千年的发展中积累了大量临床经验，对于自然资源的药用价值已经有所整理归纳。通过继承发扬，发掘提高，一定会有所发现，有所创新，从而造福人类。"简朴的一段话却道出了屠呦呦一生研究青蒿的不平凡意义，从接手这个任务开始到如今将近90岁的高龄，她一直在前行着，从未放弃……

翻看屠呦呦的人生履历，不难发现她这一辈子过得很"简单"。1930年12月30日，屠呦呦出生在宁波。她的名字出自《诗经·小雅》里的"呦呦鹿鸣，食野之苹"。"苹"就是平时说的艾蒿，这表达了她的父母对她美好的期盼。也许两者之间有一种奇特的缘分，她的一生和"蒿"结下了不解之缘，她的名字和她的发现就像命中注定一样。

图51　青蒿

屠呦呦不是那种天才型科学家，在她所有的荣誉背后都是辛勤的付出，是汗水和心血铸就了她的成功。16岁时患肺结核的经历，让花季少女的她坚定了研究医药学的信念。在屠呦呦看来，如果她懂得更多医药学的知识，不仅能让自己健康，还能救治更多的病人。凭着这个信念，屠呦呦在1951年考上了北京大学医学院药学系。这个专业在当时还是十分冷门的，报考的女孩子少之又少，这也可以看出屠呦呦的独特之处。

学医生涯是痛苦难捱的，需要比寻常专业付出更多的精力和时间。整天埋头背书、认药、做实验是屠呦呦大学生活的全部。大学毕业后，她被分配到卫生部中医研究院（现中国中医科学院）中药研究所工作，每日进行实验研究又成为她的日常。研究用于治疗血吸虫病的半边莲，分析品种比较复杂的银柴胡……她手头似乎永远有忙不完的工作。除了参加过两年半的"西医离职学习中医班"，她几乎没有长时间离开过研究所，就像长

图52　青年时期的屠呦呦

在研究所一样，把研究所当作自己的家。科研就是对研究者的一种考验，看你能否忍受孤独寂寞，是否有耐心走下去，可以说屠呦呦一生最美好的青春年华都是在实验室里度过的。

1967年5月23日，"全国疟疾防治研究协作会议"召开，中央动员了全国60多家研究机构的500多名科研人员同心协力研发新的抗疟疾的药物。"523"成了这个科研任务的代号。疟疾，在青蒿素发现之前，曾经被医学界称为"生命收割机"。1969年，屠呦呦被选中成为其中一个科研小组的组长。成立研究组的起因是20世纪60年代，美越战争中成千上万的士兵不是因为战斗而死亡，而是被携带疟疾的蚊虫叮咬后丧命。因疟疾死亡的士兵数量多到无法估量，实在令人痛心。美国针对这种情况也组织专家进行过研究，虽有一定成果，但终究没有找到根治这种疟疾的方法。当时的越南主席胡志明在绝望之际请求中国援助，我国不畏困难，毅然决定成立研究组。在这样的情形下，当时身在中国中医研究院（现中国中医科学院）的屠呦呦，临危受命，接下了研究对抗疟疾药物的重任。

接下重担的屠呦呦，立即投入这项紧张的研发工作中。海南，曾是全国疟疾流行最严重的地区之一。为了方便研究，"523项目"办公室就设在海南。海南气候湿热，蚊虫极多，在这样的环境下，疟疾防不胜防，到处笼罩着死亡的威胁，所以在海南屠呦呦见得最多的就是生离死别。面对这样的险境，屠呦呦毫不畏惧，带着自己的团队，走访岛上每一个村庄，收集当地人口口相传的治疗疟疾的方法。除了民间药方，她翻阅整理历代医籍，埋头于浩繁的资料中，寻找抗疟药物的线索。从"医之始祖"《黄帝内经》到明代的《普济方》，她希望可以从中医的研究经典中获得灵感。

整整三个月，屠呦呦不是外出走访，就是埋头于古籍，最终她编写出以640种药物为主的《抗疟单验方集》。屠呦呦和她的团队挨个儿尝试药方的有效性，可是两年过去了，没有任何好的发现。有人就说："人家美国那么先进的技术都不行，国内的条件这么艰苦，设备这么陈旧，我们能出奇迹吗？"这应该也是当时很多人的质疑，但屠呦呦只回了一句："没有行不行，只有肯不肯坚持。"屠呦呦身体力行，整天泡在研究室里，有一种"不达目的誓不罢休"的气势。

直到有一天，屠呦呦偶然发现中医古籍《肘后备急方》里记载有一条处方能治愈疟疾导致的发热，古籍中这样写道："青蒿一握，以水二升渍，绞取汁，尽服之。"这个发现说是偶然，但没有屠呦呦这么多年的坚持不懈，这个偶然是不会出现的。古籍的记载给了屠呦呦一丝灵感——或许是高温破坏了青蒿的活性成分。于是她立马开始重新设计实验，采用低温萃取法，分别用水、乙醇和乙醚提取青蒿的茎和叶中的活性成分，进行大量的实验。进行大量实验那就意味着需要大量的实验样品，但当时因为"文化大革命"，很多药厂都被迫关闭了，没有药厂的配合，就只能组织人员自己动手提取实验样品。这样的做法危害性极大，因乙醚属于有害化学品，那个年代医学设备设施简陋，还没有排风系统，整个实验室里都弥漫着刺鼻的乙醚味道。屠呦呦和团队其他科研人员在实验室里连防护用品都没有，顶多戴个纱布口罩。

在这样恶劣的环境下，屠呦呦团队坚持一次又一次的实验。即使科研人员头晕眼胀，还出现鼻子流血、皮肤过敏等症状，他们仍然没有放弃前进的脚步，依旧选择坚持自己的初心。功夫不负有心人，在1971年10月4日，经历了190次失败之后，屠呦呦科研组在第191次低沸点实验中发现，以低沸点溶剂乙醚来提取有效成分，能够显著提高青蒿防治疟疾的效果，也能大大降低其毒性。

屠呦呦科研组发现青蒿素的过程，可谓千难万险。

面对疟疾吞噬人类生命的残暴，屠呦呦不退反进，历经千辛万苦，一生只做一件事，执着的她最终发现了治愈疟疾的有效方法，拯救了无数人的生命。正因为如此卓越的贡献，2015年，屠呦呦被授予诺贝尔生理学或医学奖，这是中国医学界迄今为止获得的最高奖项。

抛夫弃女，以身试险

对于执着于科学事业的科研人员而言，每个人几乎都把自己一生的时间与精力投放在研究工作当中，在事业和家庭这两者中都毫不犹豫地选择了事业。屠呦呦被采访时曾说："生活上有矛盾的时候，我们是坚决让路的，总是事业放在第一位。"这样一句朴实的话，分量却极重，科研人员为了国家的事业和发展真的是拼尽了自己的全力。

1969年，屠呦呦接到国家"523"科研任务，需要动身前往海南岛。为了科研、制药，39岁的她放下两个女儿，离开丈夫，背井离乡地去参加科研项目。当时她的两个女儿大的才4岁，小的只有1岁，正处于最离不开妈妈的年纪。除此之外，她丈夫当时受到"文化大革命"的影响，被下放到"五七干校"改造。在这种情况下，能够做出这样的决定对屠呦呦来说是何等的艰难。之后的三年里，母女三人仅仅见过一次面。再见时，大女儿已经跟她有了距离感，连叫她一声"妈妈"都有些不情愿，小女儿甚至都不认识自己眼前的母亲。从母亲的角色来说，这着实有些可悲，可是为了国家事业屠呦呦只能咬牙舍小家为大家。

在孩子成长的重要时刻，在丈夫人生的黑暗时刻，为了科研，为了国家，她选择成为一个"狠人"，也正是因为她的这份狠心，无数人走出了死亡的阴影，走向了生的希望。

屠呦呦为了科研事业的成功，不仅仅在家庭方面做出了牺牲，更为了保证青蒿素对人体的安全性而以身试药。没人敢说这种药物用于人体是否安全，她却主动要求，在自己身上试验。在没有安全保障的情况下以身试药，这或许就源自于她的自信和伟大的奉献精神吧！

屠呦呦说道："青蒿素治疗疟疾在动物试验中获得了完全的成功，那么，作用于人类身上是否安全有效呢？为了尽快确定这一点，我和同事们勇敢地充当了首批志愿者，在自己身上进行试验。在当时没有关于药物安全性和临床效果评估程序的情况下，这是用中草药治疗疟疾获得信心的唯一办法……在自己身上试验获得成功之后，我们课题组深入到海南地区，进行实地考察。在21位感染了疟原虫的患者身上试用之后，发现青蒿素治疗疟疾的临床效果出奇之好。""很难描述自己的心情，特别是在经过了那么多次的失败之后，当时自己都怀疑路子是不是走对了，当发现青蒿素正是疟疾克星的时候，那种激动的心情是难以表述的。"

事实证明试验成功了，青蒿提取物治疗疟疾完全没问题。随后世界卫生组织把青蒿素列入其基本药品目录，自那天起，全世界疟疾造成的死亡人数整整下降了50%，许多国家甚至根除了这种疾病。屠呦呦团队研制的药物拯救了上千万人的生命。英国广播公司电视台（BBC）主持人说："如果要用拯救了多少人的生命来衡量一个人的伟大程度，那么毫无疑问，屠呦呦是人类历史上最伟大的科学家之一。"

不慕浮华，淡泊名利

屠呦呦即便取得了世界级成就，成为名人，我们也很难在一些公开场合看到她的身影。媒体对她的采访络绎不绝，但她依然把生活重心放在医学研究工作当中，对于采访几乎都是拒绝的态度。盛名似乎在她的生活当中激不起任何的波浪，名利对她来说都是浮云。无论获得多大的荣誉，她依旧与自己热爱的事业为伴。

科研的魅力，在于不断挖掘、发现新事物的过程，科研成果带来的一切，在屠呦呦看来都不过是过眼云烟。2015年得知屠呦呦获诺贝尔奖后，各路记者蜂拥而至，在她家门口苦苦守候，结果她硬是一个没见。而屠呦呦获得诺贝尔奖后，却在并不算多的300多万元奖金中，直接拿出200万元，成立屠呦呦创新基金，用于奖励年轻科研人员。

2017年，屠呦呦荣获"2016年度国家最高科学技术奖"，当闪光灯都准备好，只待主人公到来接受采访时，负责人满脸歉意地讲道："实在抱歉，屠呦呦先生因为身体欠佳不能到场，由她的几位同事接受大家采访。"是的，她又一头扎进了实验室。这些"场面"上的事于她来说还不如顶着烈日跋山涉水去走访疫区，或者钻进实验室里继续自己的实验研究来的实际。对于她应付不来的场合，她也不想费心去应付，只想专心做好自己的事情。

如今，已经耄耋之年的屠呦呦，对科研的热忱仍未减退，她仍然醉心于研究青蒿素，2019年她的团队又发现了青蒿素能有效治疗红斑狼疮等适应症。张载的《横渠语录》有这样四句话："为天地立心，为生民立命，为往圣继绝学，为万世开太平。"屠呦呦，担得起这"横渠四句"。

没有人会随随便便取得成功，屠呦呦的成功当然也绝非偶然。冰心说："成功的花，人们只惊羡它现时的明艳，然而当初它的芽儿，浸透了奋斗的泪泉，洒遍了牺牲的血雨。"当我们惊羡于屠呦呦成功之花彻底绽放的时候，切莫忘记她背后"不负梦想、不惧失败、不计得失、不慕浮华"的坚守。

梁家"驯火者"

——航天专家梁思礼

"从第一颗原子弹、第一枚导弹、第一颗人造地球卫星到第一艘神舟飞船，我回国后和第一代航天战士一起，白手起家、自力更生，创建起完整坚实的中国航天事业，使中国居世界航天强国之列。能为此奉献一生，我感到无比的自豪和光荣。"

——梁思礼

爱国，不需要理由

梁启超，一个耳熟能详的名字，他是维新运动的领袖，是首个提出"中华民族"一词的中国人。虽然梁启超未能在晚清政治舞台上实现自己的抱负，但是他在学术上造诣颇深，对近代中国做出了重要贡献。除去自身成就卓越，梁启超的九个子女也毫不逊色，在文学、建筑、考古、军事、经济、科技等各个领域，都取得了卓越的成就。其中，梁启超的幼子梁思礼，是梁启超最出色、最厉害的儿子，也是梁启超眼中最可爱的"老白鼻"（风趣的梁启超由 Baby 一词音译而来）。

　　梁思礼于 1924 年 8 月 24 日出生于北京，是梁启超先生 51 岁时得的"老来子"，一双大眼，鹅銮式的宽阔前额，一张典型的"梁家嘴"，像极了父亲，被亲昵地称为"老白鼻"。由于是幼子，梁思礼除了颇受父母的宠爱，兄长和姐姐也都对他爱护有加，使他从小就集万千宠爱于一身。记录孩子的成长过程是所有父母最幸福的事情，梁启超也不例外，他给海外孩子的信中经常出现梁思礼的身影。1927 年，梁启超在给海外孩子的信中说："每天老白鼻总来搅局几次，是我最好的休息。""老白鼻一天一天越得人爱，非常聪明，又非常听话，每天总逗我笑几场。他读了十几首的唐诗，天天教他的老郭（保姆）念，刚才他来告诉我说：'老郭真笨，我教他少小离家，他不会念，念成乡音无改把猫摔。'他一面说一面抱着小猫就把那猫摔下地，惹得哄堂大笑。"字里行间，不仅洋溢着梁启超对"老白鼻"的喜爱，也展现出"老白鼻"是父亲身心疲累之际最大的精神安慰。

梁启超对子女的教育极为严格，希望他们长大后可以造福国家。1929年，在梁思礼5岁的时候，梁启超病重去世，他生前曾许愿，60岁以后不再从事社会活动，要专心致志地教育孩子，可惜未能如愿。妻子王桂荃谨

图53　梁思礼在梁启超纪念馆题词

遵丈夫的遗愿，将梁家的家风家训烙印在梁思礼的成长岁月里，从而印刻到梁思礼的心中。梁思礼说："父亲对我的直接影响较少，几个哥哥姐姐都受过父亲言传身教，国学功底数我最弱，但爱国这一课，我不曾落下半节。他遗传给我一个很好的毛坯，他的爱国思想通过我的母亲及他的遗著使我一生受益。"

1941年，年仅17岁的梁思礼揣着母亲东拼西凑的400美元路费，心怀"工业救国"的满腔期望，踏上了远渡重洋的漫漫征程。在嘉尔顿学院学习两年后，梁思礼放弃了丰厚的奖学金，改领微薄的盟国津贴，只为转入以"工程师摇篮"著称的普渡大学电机工程系。1945年，梁思礼在普渡大学获取了学士学位。之后他在辛辛那提大学一边工作一边读书，获得硕士和博士学位。

1949年10月1日，毛泽东主席在天安门城楼上向全国人民以及全世界庄严宣告："中华人民共和国中央人民政府今天成立了。"与此同时，在美国旧金山海港，以梁思礼为首的20多名中国留学生登上了"克利夫兰总统号"邮轮，"我离开时的感情，只有期望，没有留恋。"伴随着阵阵鸣笛声，邮轮缓缓驶出旧金山港，它载着怀有满腔爱国心的归国留学生，向着"站起来"的中国前行。"我们这些热爱祖国的归国留学生心中暗暗发誓，要把一生奉献给祖国，为改变她贫穷落后的面貌，为她的独立、强盛、繁荣而奋斗。"在梁思礼的自述文集中，有过这样的叙述。他们怀着科学救国的理想远渡重洋，学有所成后又义无反顾地选择回国。

"爱国，不需要理由。"在他们的心中，爱国的初心永不改变。

67年，梦想与火箭齐飞

遥想当年，经历了风雨飘摇的中国刚刚站稳，面临着一穷二白的窘境。归国后的梁思礼面对刚刚起步的航天事业，在没有仪器、没有资料、没有导弹实物的情况下，依旧满怀信心，因为他知道，"这是一颗生机勃勃的种子"，总有一天会生根发芽、开花结果。

1956年10月8日，中国第一个导弹研究机构——国防部第五研究院成立，钱学森任院长，梁思礼负责导弹控制系统研究。1956年可以说是梁思礼人生中一个新的起点，他参加了党中央、国务院主持的"十二年科学规划"的制订工作，参加起草了《喷气和火箭技术的建立》部分。1960 年 11 月，中国第一枚导弹"东风一号"发射成功，这不仅是我国制造的第一枚导弹，更是军事装备史上的一个里程碑。然而，成功总是与失败相伴随，"东风二号"导弹的发射历程波折不断。1962 年 3 月 21 日，"东风二号"发射不久后摇摇晃晃，"像喝醉了酒"，最终在发射阵地前 300 米的地面上砸出了一个直径 20 多米的大坑。面对"东风二号"的发射失败，在场的所有人都泣不成声："我们真的不成吗？"梁思礼强忍悲痛一言不发。后来他说："我从来不觉得会不行，得收摊了。在我的想象里，就应该做下去，必须做下去，做不下去也要做下去。"他在给自己夫人的信中写道："若是生男孩就叫凯，若是女孩就叫旋，意为凯旋。"可见其决心之坚。功夫不负有心人，随后，在经历了 17 项大型地面试验，105 次发动机试车后，再次腾空而起的"东风二号"于 1964 年 6 月 29 日准确命中目标，取得圆满成功。

从第一颗原子弹、第一枚导弹、第一颗人造地球卫星到第一艘神舟飞船，梁思礼与第一代航天人，白手起家、自力更生，让中国的航天事业一步步崛起、赶超，使中国跻身世界航天强国之列，他们是中国航天事业从艰辛起步到奋起直追再到领先带跑的见证者、建设者、贡献者。

萧伯纳曾说："人生不是一支短短的蜡烛，而是一支由我们暂时拿着的火炬。我们一定要把它燃得十分光明灿烂，然后交给下一代的人们。"退居二线的梁思礼，并未远离"战场"，他站上了讲台，将航天火种传给了下一代，将爱国的接力棒传递给了新一代有志青年。从2006年到2012年的6年时间里，他以《中国航天精神和素质教育》为题，先后为北京十几所著名高校的学生和青年教师讲课，直接听众3400多人，全国网络视频听众57000余人。

从1949年到2016年，从风华正茂到耄耋之年，梁思礼坚守航天事业67年，普渡大学埋首实验的他、国防部第五研究所日夜鏖战的他、酒泉卫星发射中心认真检查的他、国家科技进步奖特等奖领奖台上的他……每一个身影，都是他为中国航天事业奋斗的亮丽风景。梁思礼

图54 2011年梁思礼在天津中德职业技术学院看望中国航天首批定制高技能人才

和所有的航天人一样，他们虽战功显赫，却甘做无名英雄，在历史光辉的背后奉献一生。梁思礼及那个年代中国所有"驯火者"，他们的功与名均藏于耀眼历史的暗处，他们的身影被戈壁滩的尘土风沙所掩藏，他们的名字曾被封印在打着绝密标签的文件袋里。然而，他们的身影和名字被历史所铭记，被如今的我们引以为豪。他们的高风峻节，是我们最鲜活的教科书。

67年，一个简单的数字，记录了梁思礼奔跑在梦想与火箭齐飞征途中的一幕幕。

驯火者，终身奉献为航天

学习梁思礼，就要学习他初心不改的爱国情怀。"有人曾经问我，你从你父亲那里继承下了最宝贵的东西是什么？我回答说'爱国'。"梁思礼说，"父亲生前曾说过，'人必真有爱国心，然后方可以用大事。'"这句话，影响了梁思礼的一生，支撑着他一生的爱国追求。怀揣着"工业救国"的梦想，梁思礼寒窗苦读，于1949年在辛辛那提大学获得自动控制专业的博士学位。1949年9月，阔别祖国8年之久的梁思礼，登上了回国的邮轮。他从随身携带的收音机中得知新中国成立的消息，欣喜万分，迅速将好消息告知船上的归国留学生同胞，兴奋之际大家共同做了一面中国国旗。回国后的梁思礼及第一代航天人，面对我国刚刚起步、一穷二白的航天事业，他们白手起家、艰苦奋斗、自力更生，在祖国蔚蓝的天空中画下了一笔笔绚烂的色彩。

67年来，从第一枚原子弹到第一艘神舟飞船，他勤勤恳恳，开拓着一个又一个技术领域的新天地。梁思礼与那个时代的中国"驯火者"一样，骨子里流着爱国的热血，历经磨难但矢志不渝，无论何时都将祖国这个大"家"放在第一位，始终不离不弃。梁思礼的一生是"苟利国家生死以，岂因祸福避趋之"的真实写照。

学习梁思礼，就要学习他敢于创新的奋斗精神。中华人民共和国成立之初，航天事业刚刚起步，面临着巨大的困难，而梁思礼乐观面对，相信中国的航天事业是一颗"生机勃勃的种子"。作为中国的第一代航天人，他见证了中国航天事业的发展历程，其中有成功也有挫折。1966年9月，技术人员制作的22位双极小规模集成电路弹载计算机面临一个问题：计算机体积过大，装不进弹舱且组件太多，可靠性也不高。只有提高芯片的集成度方能解决这个大难题，但是提高芯片集成度这个工程在当时需要一年半载的时间。梁思礼不放弃，另寻思路，和大家商量后决定在满足精度要求的前提下，调整计算机字长，来缩小计算机的体积。谈起当时的思路，梁思礼常常引以为豪："我们重新推导了制导方程和关机方程，牺牲一些方法误差，以减少计算机的负担，从而减少计算机的复杂性。从整个制导系统来看，方法误差增大后影响不大。由此我们的弹上计算机采用的是增量计算机方案，没有乘除法，只有加减法，虽然粗了一些，但是少用了近三分之一的集成电路，解决了小型化难题。"1971年9月10日，这种弹载数字计算机参加了我国"东风五号"洲际导弹的首飞试验，获得圆满成功。在1986年出版的《当代中国的航天事业》一书中，这样描述和评价梁思礼的创新性贡献："为提高大

图55　2003年神舟五号飞船发射成功后梁思礼与杨利伟等航天员合影

型运载火箭的制导精度，专家梁思礼和他的同事们经过理论研究和反复计算，完成了关机方程和导引方程的推导，从而有可能用一个中速度、小容量的箭上计算机完成大型运载火箭的高精度复杂运算。这样的制导方案和国外常用的平台式制导系统相比，具有突出的优点和创新，为我国惯性制导系统的发展开辟了新的途径。"正是因为梁思礼及其同事们始终秉承着严谨的工作作风，在解决问题上敢于打破思路、勇于创新，才会产生一个个令人叹为观止的成就。

　　"一门三院士，满庭皆才俊。"梁启超之子梁思礼，这位从"饮冰室"走出的"驯火者"，为中国的航天事业带来了"火的动力"，"东风""长征""神舟"……这些家喻户晓的大国重器，伴随着这些航天人在中国的历史坐标上闪耀着不朽的光辉。

后 记

这是一部以青少年读者为主，兼顾大众的普及型理论读物，而非专业的学术著作，当然在写作过程中也是"三易其稿"，并不因其通俗而忽略应有的严谨。主要资料来自"学习强国"平台。本书既有作者原创性的书写，也有对资料加工后的二次叙述。我们的初衷是以故事的形式，为"大思政"提供一份"营养快餐"。我的两位研究生王莎莎和王慧娇，为本书的编写做了大量工作，感谢她们。同时再次感谢山西教育出版社的各位编辑和工作人员的辛勤付出。

石磊

2020年5月